中国旅游住宿业发展报告2022

——破困局 蓄能量 谋复苏

CHINA LODGING INDUSTRY
DEVELOPMENT REPORT
2022

中国旅游研究院 编著

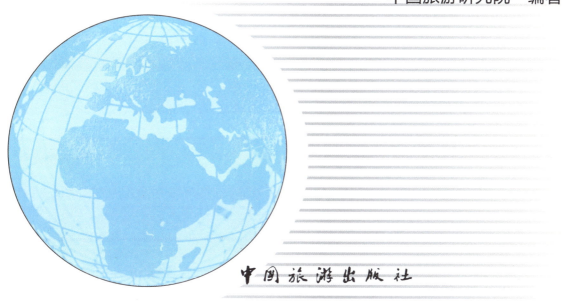

中国旅游出版社

责任编辑：张　旭　张政珉
责任印制：冯冬青
封面设计：旅教文化

图书在版编目（ＣＩＰ）数据

中国旅游住宿业发展报告．2022：破困局　蓄能量
谋复苏 / 中国旅游研究院编著．-- 北京：中国旅游
出版社，2022.12
　　ISBN 978-7-5032-7061-1

　　Ⅰ．①中… Ⅱ．①中… Ⅲ．①旅馆－服务业－经济发
展－研究报告－中国－2022 Ⅳ．① F719.2

中国版本图书馆CIP数据核字(2022)第221474号

书　　名：中国旅游住宿业发展报告．2022：破困局　蓄能量　谋复苏

作　　者：中国旅游研究院　编著
出版发行：中国旅游出版社
　　　　　（北京静安东里 6 号　邮编：100028）
　　　　　http://www.cttp.net.cn　E-mail:cttp@mct.gov.cn
　　　　　营销中心电话：010-57377108，010-57377109
　　　　　读者服务部电话：010-57377151
排　　版：北京旅教文化传播有限公司
经　　销：全国各地新华书店
印　　刷：三河市灵山芝兰印刷有限公司
版　　次：2022 年 12 月第 1 版　2022 年 12 月第 1 次印刷
开　　本：787 毫米 × 1092 毫米　1/16
印　　张：6
字　　数：95 千
定　　价：66.00 元
ＩＳＢＮ　978-7-5032-7061-1

目 录

CONTENTS

第一章
住宿业处于低谷期

Chapter 1
The Lodging Industry is in Trough Period

我国经济发展面临需求收缩、供给冲击、预期转弱三重压力，2022年的疫情也较年初预期要严重，住宿业经受了历年来经营最困难的一年。但旅游和住宿需求已成为小康社会人民美好生活的刚性需求，短暂的不利因素影响不了长期向好趋势，疫情过后必将迎来快速复苏。

一、发展环境回顾

中美贸易摩擦继续向纵深方向演化，双碳战略目标、共同富裕道路、高质量发展模式等各方面务实推进，新技术应用、数字化转型、数据安全、反垄断以及数字知识产权保护等加速推进，全国统一大市场正在建立，国内大循环为主体、国内国际双循环相互促进的新发展格局正在形成。

新冠肺炎疫情仍然是住宿业发展的最大变量。疫情防控仍然坚持"外防输入、内防反弹"总策略和"动态清零"总方针不动摇，努力以最小范围、最短时间、最低成本控制住突发疫情。2022年春节过后，新冠肺炎疫情在全国范围内呈现多点散发和局部地区规模暴发的态势。多个大中型城市发生了较为严重、管控时间较长的疫情，从吉林市和长春市，到上海市，再到三亚市，再到西宁市以及郑州市，管控时间都长达两个月甚至更长。旅游业一度爆红的新疆在8月后开始了较长时间的防控工作，一直疫情管控良好的西藏2022年疫情也反复出现。这些都对当地旅游业和住宿业发展造成了非常大的冲击。

为应对服务行业面临的生存危机，国家研究制定出台了新一轮服务企业纾困政策。2月18日，经国务院同意，国家发展和改革委、财政部、文化和旅游部等十四部委联合发布了《关于促进服务业领域困难行业恢复发展的若干政策》。文件围绕加大减税降费力度、降低融资成本、加大纾困资金支持、加强生产要素保障、支持中小微企业稳岗扩岗、保障中小企业款项支付以及扩大市场需求等方面展开政策协同，对于企业面临的信用修复、断贷抽贷等问题也进行了专项回应。3月5日，《2022年国务院政府工作报告》明确提出餐饮、住宿、零售、旅游、客运等行业就业容量大、受疫情影响重，各项帮扶政策都要予以倾斜，要支持这些行业企业挺得住、过难关、有奔头。3月21日，国务院常务会议决定实施大规模增值税留抵退税的政策安排，通过综合施策稳定市场预期。当日，财政部、税务总局发布《关于对增值税小规模纳税人免征增值税的公告》。3月22日，财政部、税务总局出台加大增值税期末留抵退税政策实施力度的政策，要求确保该退的税款能尽快退到企业账上。3月31日，文化和旅游部发布《关于抓好促进旅游业恢复发展、纾困扶持政策贯彻落实工作的通知》，要求各地文化和旅游部门要细化制定落实中央新政策的落地性措施。这些政策的出台，彰显了国家帮助特殊困难行业渡过难关的决心，也为旅游市场注入了信心。

地方政府成为服务业和旅游业纾困的关键支撑。为贯彻落实中央政策，各地相续发布了相应的落实文件，根据地方实际，优化了扶持范围，增加相应的扶持条款，明确对应的政府承责单位，加大政策落地的力度，以让需求者切实地享受到政策红利。一些财政实力较强的城市，以数字量化了扶持力度，拿出真金白银直接补贴企业，如深圳市安排5亿元资金发放消费券，上海市对符合条件的企业防疫和消杀支出地方财政给予补贴支持。对各地市场主体直接高效的纾困措施，是稳增长稳市场主体保就业的关键举措。可以说其中的每一条政策措施，都事关恢复稳定社会生产生活秩序、帮助市场主体渡过难关的决心。地方政府针对旅游业纾困政策的覆盖范围更广，从之前的旅行社行业扩大到了酒店业、旅游度假区、民宿、旅游演艺等受疫情冲击较为严重的多个细分领域。支持力度也更大，希望能通过留抵退税等方式解决旅游企业最为紧迫的现金流缺口问题，通过放开旅行社承接机关国企事业单位活动的方式扩大旅行社业务范围。

党的二十大报告为国家未来一段时间的发展指明了发展方向和发展路径，为经济发展注入了信心。报告指出，从现在起，中国共产党的中心任务就是团结带领全国各族人民全面建成社会主义现代化强国、实现第二个百年奋斗目标，以中国式现代化全面推进中华民族伟大复兴。我们要建成"富强民主文明和谐美丽"的社会主义现代化强国。其中"富强"是排在第一位的。发展是党执政兴国的第一要务。没有坚实的物质技术基础，就不可能全面建成社会主义现代化强国。我们未来的工作仍然是以"经济建设"为中心的，高质量发展是全面建设社会主义现代化强国的首要任务。

报告提出要建设社会主义文化强国，发展面向现代化、面向世界、面向未来的、民族的、科学的、大众的社会主义文化。要坚持把社会效益放在首位，社会效益和经济效益相统一。要健全现代文化产业体系和市场体系，实施重大文化产业项目带动战略。要坚持以文塑旅、以旅彰文，推进文化和旅游深度融合发展。报告提出要构建优质高效的服务业新体系，推动现代服务业同先进制造业、现代农业深度融合。因此，文化产业和旅游业在融合发展的同时也要与其他产业深度融合。

旅游业既是产业，也是事业，具有双重属性，未来一段时间事业的属性相对以前需要强化。旅游是人民美好生活的重要组成部分，旅游业高质量发展是建设旅游强国的首要任务，也是实现中国式现代化的必然要求。我们在推进旅游业高质量发展的时候，要紧扣中国式现代化的内涵和要求，回答新时代旅游业高质发展的内涵是什么，实现旅游业高质量发展该做什么样的战略安排，特别是要回答旅游业高质量发展如何在满足人民大众对美好生活的向往、促进全体人民共同富裕、物质文明与精神文明协同发展、人与自然和谐共生以及走和平发展道路等方面更好发挥作用，进而助推中国式现代化进程这一重要命题。

二、市场格局：国内市场仍占据绝对主导

2022 年旅游和住宿市场仍然是国内市场占绝对主导地位。以北京市为例，在新冠肺炎疫情之前，北京市入境游客住宿人数占总接待人数比重虽逐步下降，但都维持在 10% 以上。疫情之后，这一比重下降到不足 1%，而且这一基本格局在三年中基本没有变化（图 1）。在疫情警报完全解除前很难有大的改变，这也奠定了住宿业发展的"双循环"新格局。

随着疫情的持续，大量商务活动可以通过在线会议、在线培训解决，而不必亲临现场，商务和政务旅行大幅减少，商务和政务需求进一步萎缩。观光、休闲和度假旅游人数受居民收入下降和跨省团队游限制、景区限量开放、演出场所预约限流等措施影响也大幅下降。国内游客大多选择城市郊区和周边等短程旅游，休闲、度假、康养和亲子游等微旅游、微度假业态和产品受欢迎，时间成本和交通成本等在内的消费成本降低，消费者可以将更多预算用于旅游体验消费。一些城市的城市度假型酒店也开始受到欢迎。住宿客人更加关注健康、卫生、安全和品质，对智能化、无接触式服务已习以为常。

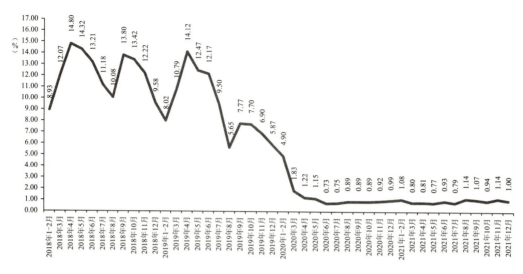

图1　2018—2021 年北京市入境游客住宿人数占总接待住宿人数比重（%）

中国庞大的内需市场和全国统一大市场建设的提速，为中国经济提供了更大纵深和顽强的韧性。国内市场是我国增长潜力最大的市场，还有非常大的空间和市场待开发。例如，新疆地区地域辽阔，占我国国土面积的 1/6，资源丰富，极具特色。但因为距离较为遥远以及宣传不到位，很多国人可能出国旅游过很多次，却未到新疆旅游过。新疆市场一旦打开，其发展前景不可限量。城镇化发展和城市与城市之间高速的交通设施，使得商务旅行和休闲旅游变得更加方便。我们的企业更应该充分利用好国内市场，发挥本土优势。

新冠肺炎疫情倒逼旅游供给侧持续改革，加速旅游产品和业态的创新，重构旅游业商业模式和服务模式，提升旅游产业的抗风险能力。部分国内游客消费预算降低，对价格更为敏感，性价比更高的中端和经济型酒店受到欢迎；由出境旅游转化为国内旅游的这部分消费者，对住宿业态创新和服务品质要求更高，目前国内产品匹配度不够，需要有更多高端精品酒店、度假酒店等高品质的国际替代品来满足需求。

三、产业格局：头部效应进一步强化

疫情发生三年来，住宿产业格局总的趋势是头部效应不断强化。从全球酒店排名看，我国酒店集团排位不断上升，2020年华住酒店集团前进两位位居全球第七名，2021年首旅酒店前进一名位居全球第九名。从居于世界前50位的中国酒店集团管理的酒店数量和房间数看，将疫情暴发后的两年与疫情前的2019年做一个比较：2020年前50名里面的13家中国酒店集团情况相比2019年的13家中国酒店集团，酒店数增长38.5%，房间数增长46.9%；2021年我国有14家酒店集团进入前50位，取前13家与2020年的13家比较，酒店数增长32.1%，房间数增长13.2%（表1，表2）。显然，这两年中国住宿业投资增速下滑，行业酒店数量和客房数增长幅度非常小，但中国处于头部的酒店集团规模越来越大。危机期间，机会的大门更多会向国企、上市公司以及风险管控力强的民企敞开。大型酒店集团承受风险能力强，小公司纷纷需求庇护。国有酒店集团占据更为有利的发展时机，不少民营企业纷纷寻求国有酒店集团的支持。这都将导致行业集中度进一步提升。

表 1　2019 年全球酒店排名（部分）

排名	酒店集团	总部所在地	房间数（间）	酒店数（家）	酒店平均客房数（间）
1	万豪国际	美国	1,348,532	7,163	188.3
2	锦江国际集团	中国上海	1,081,230	10,020	107.9
3	Oyo Rooms	印度	1,054,000	45,600	23.1
4	希尔顿	美国	971,780	6,110	159.1
5	洲际酒店集团	美国	883,563	5,903	149.7
6	温德姆酒店集团	美国	831,025	9,280	89.6
7	雅高酒店集团	法国	739,537	5,036	146.9
8	精选国际酒店集团	美国	590,897	7,153	82.6
9	华住酒店集团	中国上海	536,876	5,618	95.6
10	北京首旅如家酒店集团	中国北京	414,952	4,450	93.3
12	东呈国际集团	中国广州	254,774	3,062	83.2
13	格林酒店集团	中国上海	246,216	3,178	77.5
16	尚美生活集团	中国青岛	150,856	2,988	50.5
18	开元酒店集团	中国杭州	89,531	455	196.8

续表

排名	酒店集团	总部所在地	房间数（间）	酒店数（家）	酒店平均客房数（间）
31	住友酒店集团	中国杭州	48,155	797	60.4
41	香格里拉酒店集团	中国香港	40,000	103	388.4
44	港中旅酒店有限公司	中国北京	38,477	173	222.4
45	金陵连锁酒店	中国南京	38,225	136	281.1
46	君澜酒店集团	中国杭州	36,075	165	218.6
49	凤悦酒店及度假村	中国佛山	32,088	88	364.6

数据来源：根据 2019 年《HOTELs》全球酒店排名制作

表 2　2021 年全球酒店排名（部分）

排名	酒店集团	总部所在地	房间数（间）	酒店数（家）	酒店平均客房数（间）
1	万豪国际	美国	1,446,600	7,795	185.58
2	锦江国际集团	中国上海	1,239,274	11,959	103.63
3	希尔顿	美国	1,065,413	6,777	157.21
4	洲际酒店集团	美国	885,706	6,032	146.83
5	温德姆酒店集团	美国	810,051	8,950	90.51
6	雅高酒店集团	法国	777,714	5,298	146.79
7	华住酒店集团	中国上海	753,216	7,830	96.20
8	精选国际酒店集团	美国	575,735	7,139	80.65
9	北京首旅如家酒店集团	中国北京	475,124	5,916	80.31
10	贝斯特韦斯特国际酒店集团	美国	348,07	3,963	8.78
11	格林酒店集团	中国上海	337,153	4,659	72.37
12	尚美生活集团	中国青岛	288,293	5,804	49.67
14	东呈国际集团	中国广州	254,774	3,025	84.22
16	德胧集团（开元酒店集团）	中国杭州	144,468	863	167.40
28	住友酒店集团	中国杭州	60,000	1,000	60.00
29	凤悦酒店及度假村	中国佛山	55,932	206	271.51

续表

排名	酒店集团	总部所在地	房间数（间）	酒店数（家）	酒店平均客房数（间）
32	金陵连锁酒店	中国南京	50,000	217	230.41
41	香格里拉酒店集团	中国香港	42,640	104	410.00
44	丽呈集团	中国上海	37,107	273	135.92
48	明宇商旅	中国成都	35,095	181	193.90
49	恭胜酒店集团	中国上海	33,777	747	45.22

数据来源：根据 2021 年《HOTELs》全球酒店排名制作

除了住宿业产业集中度提升外，产业格局还有一系列的变化，例如国际的酒店集团与本土酒店集团，国有酒店集团与民营酒店集团，以及产业链上各环节之间力量对比也发生了非常大的变化。特别是在政府现在提出数字平台反垄断以后，OTA不能再做二选一了，这对酒店集团和单体酒店来说都是非常有利的。而且现在的酒店用品供应商与酒店之间的谈判力量也在发生变化。此外，酒店与非标住宿、不同档次的酒店之间，也逐渐出现结构性分化。

四、投资与绩效：陷入新的低谷

在正常年份，住宿业投资增速与国家 GDP 增速密切关联，变化趋势大体一致，只是住宿业的波动幅度更大。但近几年房地产受到国家宏观调控，也间接影响酒店项目的投资，打乱了酒店投资的趋势。再加上新冠肺炎疫情的暴发，两个因素叠加后，住宿业投资与 GDP 增速不再同步。2020 年，规模以上住宿设施同比增速为 -0.8%，一些已经立项的酒店项目取消、暂停或延期投资。不少酒店资金链紧张，低价转让资产已开始暗流涌动。2021 年住宿业投资继续下探，下降 5%（图 2）。2022 年众多酒店资金链已经紧绷到极限，出现了多家酒店低价拍卖以及酒店集团股权转让的案例。例如，北京国际丽景湾酒店建筑面积 3.55 万平方米，起拍价 5.68 亿元；三亚市一产权式酒店建筑面积 6784 平方米，起拍价 1.1 亿元。两起拍卖均流拍。美豪酒店集团向同程旅行转让 49% 的股权。

当然，一些投资者依然看好中国酒店市场。2022 年 7 月亚洲（中国）酒店业发展报告显示，2022 年上半年亚太区酒店投资交易总额达 68 亿美元，较 2019 年同期增长 11.9%。按投资数额排序，中国位列第三名，获得 16 亿美元的投资。不过，相对于疫情前年投资 4000 余亿元的规模来说体量并不大。

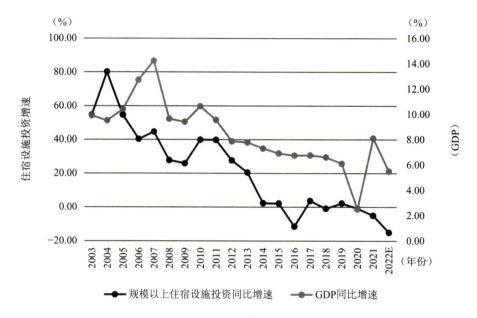

图 2　历年我国 GDP 同比增速与规模以上住宿设施投资同比增速

疫情暴发后，酒店行业业绩承压，行业出现较大幅度亏损。酒店经营业绩下滑，也导致与之相关联的酒店用品供应商、农产品供应商等酒店供应链上的企业也受到连锁冲击。

从中国酒店预订间夜及提前预订时间（图 3）看，2020 年在 2 月中旬达到波谷后，迅速回升，全年行业预订量呈"✔"形走势。2021 年则起伏不定，在 2 月份出现波谷后，迅速回升，8 月份再次探底，再次回升后，在十一过后又开始进入下降趋势，全年呈前高后低走势。2022 年开局不错，但随后在 4 至 6 月跌入低谷，后又迅速出现一轮反弹，9 月份又开始有所下滑。全年来看，不及年初预期，可能是三年来最为难熬、最为困难的一年。

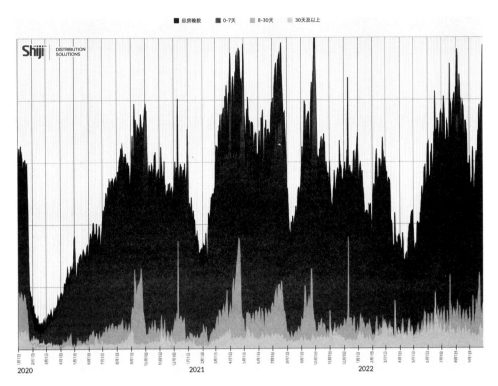

图 3　中国酒店预订间夜及提前预订时间

数据来源：石基畅联分销解决方案

从星级酒店经营绩效看，2022 年可能陷于最低谷。2020 年星级饭店营业收入和利润均呈现断崖式下跌，当年营业收入较 2019 年锐减 686.24 亿元，同比下降 35.97%；总利润额锐减 171.28 亿元，同比下降 308.11%。2021 年营收有所回升，但 2022 年可能进一步下滑。星级酒店每间可供出租客房收入指标也呈类似走势（图 4）。

2022 年可能是住宿业历年亏损最为严重的一年。2020 年，中国星级饭店亏损 115.69 亿元，约为此前最困难年份 2014 年亏损额的两倍。同年五星级饭店亏损 31.76 亿元，也是历年来首次出现亏损。2021 年，中国星级饭店亏损继续扩大，亏损达 118.44 亿元，五星级饭店亏损 23.17 亿元。鉴于 2022 年疫情和整个经济情况，预计 2022 年中国星级饭店利润会进一步下滑，可能创历年新低（图 5）。

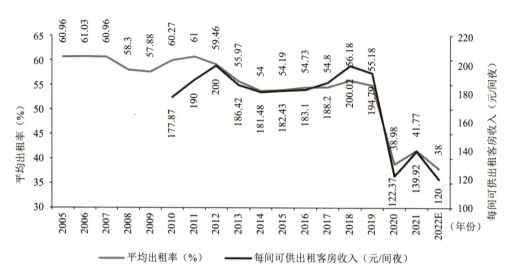

图4 2005—2022 年星级饭店平均出租率和每间可供出租客房收入 ①

资料来源：全国星级饭店统计调查报告

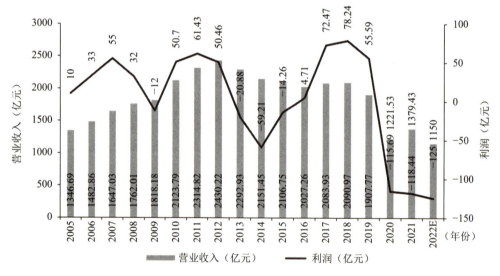

图5 2005—2022 年中国星级饭店营业收入和利润

资料来源：中国星级饭店统计公报

从 50 个旅游城市经营数据看，疫情暴发前后，除三亚酒店平均房价出现上涨外，其他城市酒店入住率和平均房价出现较大幅度下滑（图 6、图 7）。

---

① 根据文化和旅游部官网全国星级饭店统计调查报告，2009 年之前每间可供出租客房收入无统计数据。

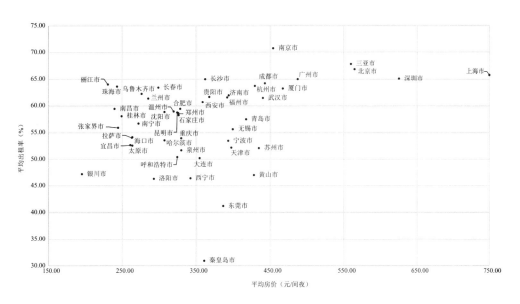

图 6　2019 年度全国 50 个旅游城市星级饭店经营指标矩阵

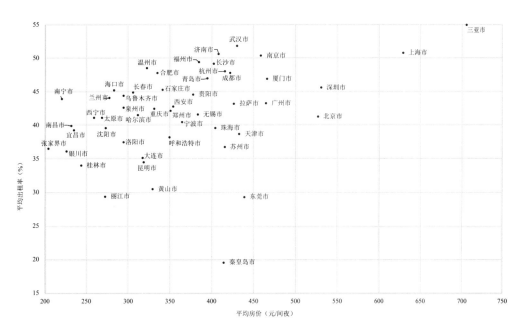

图 7　2021 年度全国 50 个旅游城市星级饭店经营指标矩阵

2021 年度，全国 7676 家星级饭店营收总额排在前列的地区集中在北京、长三角、珠三角地区。海南、上海、西藏、宁夏、贵州利润总额排前列，而青岛和成都利润总额在全国旅游城市中排名靠前（表 3）。但 2022 年，上海和三亚受疫情影响时间较长，预计 2022 年上海和三亚的酒店和住宿业业绩较往年会有较大幅度下降。

表 3　部分地区和城市 2021 年度星级饭店营收和利润总额

地区	营收总额（亿元）	城市	营收总额（亿元）	地区	利润总额（亿元）	城市	利润总额（亿元）
广东	139.76	北京	131.39	海南	3.21	三亚	5.98
北京	131.39	上海	123.76	上海	0.07	青岛	0.50
上海	123.76	广州	51.36	西藏	−0.02	上海	0.07
浙江	123.24	南京	37.47	宁夏	−0.21	拉萨	0.06
江苏	121.43	杭州	33.53	贵州	−0.55	成都	0.05

资料来源：2021 年度全国星级饭店统计调查报告

第二章
困境下的政策促进与自救之路

Chapter 2

Policy Promotion and the Way to

Self Rescue in the Predicament

2022 年住宿业受疫情的影响进一步加剧，住宿企业随时要面对由疫情所引发的诸多困境，特别是由现金流断裂所导致的严重后果。各级各地政府为了帮助住宿企业渡过难关，纷纷推出助力文旅企业纾困的专项措施。同时，住宿企业本身也积极开展自救，不断挖掘企业潜能，争取在疫情严重的当下能活下去，并为疫后住宿业的复苏做好充足的准备。2022 年是住宿业艰苦的一年，但相信美好的明天就在前方。

一、住宿业的现实困局

疫情的反复冲击，使住宿业发展困难，促使住宿业发展进程调整，加快行业内部淘汰，再叠加需求端游客流量锐减，2022 年住宿业面临着一系列的挑战。

（一）出行人数及流动减少，住宿业同质化竞争加剧

疫情期间，出行人口流动性降低，面临"粥多僧少"的情况，酒店的同质化竞争必然愈演愈烈。文化和旅游部数据中心数据显示，2022 年清明期间国内游客人数 7541.9 万人次，同比下降 26.2%。在客流量减少的情况下，酒店供过于求，同质化竞争激烈，许多酒店重模仿、轻创意，仓促"跟风"。同质化竞争导致价格压到了最低，一些酒店的服务品质也相应大打折扣。部分旅游目的地从高端酒店到经济型酒店，除了品牌、地段与价位不同外，无一例外都陷入了同质化发展的魔咒。连锁酒店也因其软硬件设备、品牌、服务的特色化不鲜明，产品大同小异，可替代性与可复制性较高。一些酒店集团的新品牌和新设计产品问世时，不到一年时间，同类酒店的类似设计产品便遍地开花。同质化无疑是一条歧路。面对这种局面，寻求以差异化和多元化为破局方向，拓宽酒店的发展空间，缓解酒店在客观环境无法改变的情况下面临的困境，是酒店一直需要考虑的事情。

（二）优秀人才缺口扩大，酒店运营管理难以正常运行

据世界旅游理事会（WTTC）2021 年的报告显示，在新冠肺炎疫情最严重的时期，全球每天约有 100 万名酒店和旅游业员工失业。新冠肺炎疫情大大提高了人

们的试错成本，作为传统实体经济，疫情后持续低迷的酒店业不再受到年轻人的垂青。面临疫情后严峻的就业形势，许多年轻人转投其他行业，进一步导致大量的酒店业潜在优秀管理人才的流失。2022 年以来，在酒旅集团的人事变动中，任免的职位多为企业高管。例如，华天酒店董事会、香格里拉首席财务官、锦江酒店关联公司等的领导层均发生重大变更。疫情的反复加剧了用工的难题，酒店劳动力市场正进入"用工寒冬"，而优秀人才的短缺将取代旅游需求的短缺，成为酒店业无法恢复全面运营的重要原因。酒店作为一种劳动密集型服务业，它的发展离不开高质量人才的管理和高水平人才的劳动，目前酒店业面临的高质量人才、核心人才严重流失的问题，严重扰乱了酒店的运行和管理。

（三）消费者需求发生转变，倒逼住宿企业产品迭代

在疫情的影响下，游客的出行方式发生了很大的改变，特别是很少再像疫情前那样，出现大规模的旅行团挤在旅游车里的现象。我国游客会倾向于以家庭、小团队、个人出行的方式出行。与此同时，疫情呈现出的局部暴发和多点散发明显的不规律性，限制了游客跨省游的步伐，这就直接导致了游客的旅游半径缩短，出游成本直线上升。而消费者在疫情期间的出行主要考虑安全与风险要素，在旅游前需要根据各地的防疫政策来制订出行计划。同时，消费者出于对酒店是否能做好安全防护还存在着顾虑，导致消费者在进行消费时更为理性和保守。为了避免或减少与人面对面接触，消费者更愿意选择线上消费以及"无接触式消费"。携程对入住酒店客人的调研成果显示，卫生安全问题仍是消费者入住酒店时关注的首要问题。疫情下，消费者更加关注酒店的日常防疫和应急处理能力，尤其是空调设备、客房与公区的消杀、健康备案、备用消杀物资等问题。此外，有的消费者还表示，疫情对他们的影响是长远的，即使疫情结束，也会更加在意酒店、餐厅的卫生问题。以上种种迹象说明，消费者对酒店的住宿条件、硬件设施的设置要求提高，希望能够体验到比疫情前更周到、更优质、更安全卫生的服务，传统的服务模式已不再适应消费者的需求。

（四）财务压力加大，住宿企业经营困难加剧

经济环境恶化加剧财务压力。在疫情反复的作用下，全球通胀问题加剧，不断上升的通货膨胀率、供应链挑战和劳动力短缺增加了酒店业的运营成本，给行业带来巨大的财务压力。经济环境对住宿业的财务影响主要表现在：首先，疫情的影响，叠加国家对金融体系的严格管控，极大增加了酒店向银行借贷的难度。同时，也提高了酒店集团股票和债券的发行难度，给酒店集团带来现有资金链断裂、融资困难的问题，酒店集团现金流压力增大。其次，疫情之下，旅客人数锐减，酒店的现金流紧张。但酒店住宿企业的资金投入并没有消失，酒店企业仍需要投入大量的经营成本，包括租金、人工、折旧摊销、能耗、物耗。在需求低的情况下，门店收入难以维持高额的固定成本，使酒店陷入运营困难。对于酒店集团来说，资产大、项目多，配套项目和各种设施设备的使用在到达了一定年限后需要更新改造。此外，酒店集团员工数量多，每月的员工薪酬支出占比很大，进一步加剧了酒店集团的财务压力。这些问题导致酒店的营收和净利润呈现较大程度的缩减态势。

二、政府纾困解难

隐匿性和传播性更强的奥密克戎变异株给我国疫情防控带来新一轮挑战，也让刚刚得到喘息的酒店业再次受到冲击。疫情防控常态化下，酒店企业的发展面临各类问题。对此，各级政府出台了相应的精准纾困政策，企业也积极主动作为，为进一步释放住宿业在扩大消费、推进供给侧结构性改革方面的潜力作出努力。

（一）纾困政策回顾

"退、减、免"的税收政策。2022 年 2 月，国家发改委等 14 部门印发《关于促进服务业领域困难行业恢复发展的若干政策》，明确要求延续服务业增值税加计抵减政策。2022 年国家对生产、生活性服务业纳税人当期可抵扣进项税额继续分别按 10% 和 15% 加计抵减应纳税额。对小规模纳税人阶段性免征增值税，提前退还中型企业增值税存量留抵税额。扩大"六税两费"适用范围，延长申报纳税期限等措

施。湖北省大规模留抵退税，将"住宿和餐饮业"等7个行业纳入按月全额退还增量留抵退税额以及一次性退还存量留抵退税额范围以来，深入落实组合式税费支持政策，为酒店业企业算好"受益账"送去"定心丸"。对文化旅游、住宿等行业防疫和消杀支出，给予分档定额补贴。降低用水用电用气用网成本，对非居民用户给予3个月应缴水费、电费、天然气费10%的财政补贴，将中小微企业宽带和专线平均资费再降10%。

"稳、准、快"的就业政策。发放就业补贴，助力企业纳才。上海市《关于给予本市相关用人单位就业补贴应对疫情稳岗保就业的通知》提出给予符合条件的每户企业每人600元、上限不超过300万元的一次性稳岗补贴，其中包括了服务业，尤其是酒店、民宿等受疫情影响较为严重的行业。继续实施1%的失业保险缴费费率政策，继续阶段性下调20%工伤保险行业基准费率，阶段性缓缴社会保险费单位缴纳部分，符合条件的旅游企业提出申请，批准通过后可以缓缴，期限不超过一年，其间不收滞纳金。促进就业创业方面，浙江省《关于应对新冠肺炎疫情支持民宿行业纾困解难的若干意见》提出，发放一次性扩岗补助，对2022年1月1日至2022年12月31日招用2022年度高校毕业生并签订1年以上劳动合同，依法参加失业保险的民宿企业，按每人不超过1500元的标准，给予一次性扩岗补助。稳岗补贴，缓缴社保，扩岗补助，这一系列政策，有利于住宿企业渡过危机，招纳优秀人才。同时，提升企业的竞争力，减少行业人才流失。

"降、贴、贷"的金融政策。降低融资门槛，加大财政扶持。全国各地各级政府纷纷出台政策，鼓励银行金融机构合理增加旅游业有效信贷供给；建立重点企业融资风险防控机制；引导金融机构合理降低新发放贷款利率，对受疫情影响生产经营困难的旅游企业主动让利；鼓励符合条件的旅游企业发行公司信用类债券。海南省旅游和文化广电体育厅印发了《关于加快复工复产振兴旅游业的若干措施》（以下简称《若干措施》），措施提出研究出台"琼旅保贷"风险补偿政策，由海南省内的政府性融资担保机构开发"琼旅保贷"业务，省级财政投入1亿元设立风险补偿池，力争撬动新增10亿元银行贷款额度专项对文、旅、体企业给予支持。加强银企合作，扩大企业融资。引导金融机构对符合条件的、预期良好的旅游度假村、乡村旅游经营单位、星级饭店等重点旅游住宿业市场主体加大信贷投入，适当提高贷款额度。河北省政府与中国农业银行河北省分行深化合作，推出系列特色文化和旅游金融服务产品、县域旅游景区收益权支持贷款等，助力文化和旅游企业发展。

"扩、促、引"的消费政策。取消星级限制，扩大企业商机。海南省《若干措施》第 25 条要求政府采购这些服务项目时，严格执行经费支出额度规定，不得以星级、所有制等为门槛限制相关企业参与政府采购，鼓励引导各级机构在符合规定标准的前提下，自主选择适合的酒店消费，取消对高星级饭店的消费限制。发放旅游消费券，做好促销引流。海南省政府提出，要用好《海南省稳经济助企纾困发展特别措施（2.0 版）》安排的 5000 万元旅游消费券资金，面向全国游客发放酒店、景区等消费券，为海南酒店、景区等吸引游客，同时带动其他旅游消费场景客流增加。举办宣传活动，提升城市形象。海南省旅游和文化广电体育厅筹备召开"博鳌亚洲论坛全球旅游论坛大会""首届东坡文化旅游大会"等活动。提出要加强招商和项目推进服务，推进"2022 海南自贸港产业园区投资合作大会""海南国际旅游消费中心重点项目招商会"等活动顺利举办。一系列活动的举办必将会对旅游住宿业的发展起到积极的促进作用，缓解疫情带来的困境，拉动当地的消费。

（二）住宿企业对纾困政策的感受

国家和地方出台的相关纾困政策有助于降低疫情对行业的影响，减少企业流动资金的压力，消弭行业或区域风险，从而助力企业恢复正常发展的轨道。从缓缴保险到稳岗补贴、从提高贷款额度到取消政府采购服务项目的门槛限制，这一系列"组合拳"对进一步降低旅游业企业运营成本、营造良好的营商环境，增加企业盈利能力和可持续发展能力，将起到提振作用。但在实际实施中，还面临一些较为棘手的问题，政策需要更加重视住宿业企业的诉求和感受。住宿业企业的整体感受呈现以下两个特征：

住宿业企业亟盼纾困政策更具普惠性。当下很多纾困政策较为向小微企业倾斜，按企业划型标准对照，住宿业中有相当部分的大型企业无法享受这些纾困政策。而在这场疫情中，这些公司在履行社会责任、稳定就业等方面都扮演着举足轻重的角色。目前，这类企业对纾困政策的呼声很高，有关部门应该给予关注。从饭店行业特性考虑，大中型饭店的固定成本更高，费用支出更大。同时，大中型饭店企业保障就业维护稳定面向的群体更大，因此政策制定上要充分兼顾普惠性，让大中型饭店能同样享受政策惠利。

住宿业企业希望纾困政策更具实利性。饭店企业较为一致的诉求是：以真金白银的实利助力企业走出困境。饭店业人工成本、能耗成本是运营支出重头，希望政府在这两项刚性成本上为饭店业减负，给饭店业以实利扶持。2022 年 3 月上海暴发疫情后，上海的饭店业在这次抗疫中临危受命，包括有 6000 多家饭店和旅馆，总房间数约 45 万间。锦江、东湖、绿地等集团的酒店几乎全部被政府征用，在面对食品等物资匮乏、员工人手严重不足、交通物流受阻的困难情况下，倾尽全力投入抗疫接待。但本轮疫情下上海政府出台的纾困政策，没有针对饭店业的专门政策。疫情防控提高了企业的经营成本，目前有关防控费用补贴的政策未落实。

住宿业企业期待纾困政策更具简便性。申请补贴政策的手续较为复杂，部分政策享受门槛高、手续繁、规定严。表现在前置条件多、手续繁复、流程繁琐，各地标准不统一，缺乏具体、明确的可操作细则，对企业差异化、多样性考量不足，比较典型的如采用总分结构的连锁型企业难以享受一般企业优惠政策；政策执行要求规范有余而灵活性不足，过度依赖企业营收流水发票等材料，对大数据等现代技术手段运用不足，没有体现超常规理念和举措，易导致小微企业、个体工商户等现代企业制度不健全的市场主体难以真正享受行困政策。这就要求政策的简单易懂，能深入普及有需求的企业，手续的化繁为简，能方便企业享受。

三、住宿业的自救之路

面对疫情反复，在增收的同时，降低成本也是酒店企业的生存法宝之一。因此，酒店企业通过开源节流双管齐下，提升酒店的生存力。一方面酒店开始深挖已有的资源，开拓新业务，增加新的经营收入。另一方面，酒店企业通过控制成本来减少开支，实现开源节流同步进行，增强企业生存能力的同时也提高了酒店企业的核心竞争力。

（一）多层面降本增效，夯实企业发展的经济基础

通过实现高质量发展，缓解财政压力。在面临财务压力的情况下，酒店企业一方面在降低物资、能源、投入成本上下功夫，实现成本降低。另一方面酒店采用多种方式来减少刚性支出。譬如，酒店采用协商的方式，与员工协商在某个时间段按照最低标准来支付工资。基于国家的优惠政策支持，与物业出租人采取协商谈判的方式来获得租金的减免或延迟。或与品牌方、平台协商减免加盟费、平台费等方式减少支出。其次是从能源、物料、维修保养和其他方面，通过企业指定的成本控制方案来进行相应调整，并根据酒店实际经营中需要进行逐楼层关闭电源和水等。酒店企业通过创新管理模式使得酒店实现高质量发展，让酒店运行效率得到了提高，酒店企业做到了真正的"节流"，财政压力得到了缓解，让酒店企业在激烈的市场竞争中得到了"喘息"的机会，为酒店企业后续破局自救奠定了坚实的基础。例如，万豪集团于 2022 年 2 月份先后三次宣布，通过减免业主管理费来缓解酒店现金流问题。在疫情特殊时期，酒店还被免除了品牌标准审计的责任；鼓励业主直接与保险公司或保险经纪人联络，了解与疫情有关的保单责任和保险理赔来缓解酒店业主的财务压力。

通过聚焦特许经营，提升酒店综合实力。特许经营在国内酒店行业比较普遍，酒店企业通过特许经营，根据自身的特点，实现了与同类型酒店的联合，不仅提高了酒店的竞争力，也壮大了酒店的实力，从而使酒店企业占有更多的市场份额，在激烈的市场竞争中生存下来。众多国际酒店集团大力推广特许经营模式，如希尔顿、洲际等通过开放特许经营品牌，赋予业主更高的话语权和自由度，近两年特许经营酒店已跃升至 60% 以上。而本土酒店集团也在品牌打造、业态创新、产业链构建等方面发力，着力打造一批差异化的中高端酒店品牌，以较强的生活方式调性和新消费人群需求为导向进入大众视野。这其中既有锦江、华住等老牌酒店集团，也包括了凤悦酒店及度假村等一批近年迅速崛起的本土新生力量。

（二）紧跟动态消费趋势，创新酒店发展模式

引入数字化管理系统，布局数字化酒店。随着消费者需求的变化，酒店企业利

用数字化科技手段，整合各类消息资源，通过酒店管理、服务质量提升与数字智能化相结合，提高酒店抵御风险的能力，向消费者提供放心、安全、定制化的数字酒店。数字酒店将 5G 网络、终端、云应用首次引入酒店商用场景，运用数字管理云平台，对消费者的需求进行智能抓取与处理，从而为酒店提供数据集成、信息管理、资源配置等的业务支持。由于在疫情期间，消费者更注重的是安全性，"无接触式"服务更能贴合当下消费者的需求，因此，酒店企业在酒店前台大厅配置智能机器人，为宾客提供信息查询、目的地指引、机器人送货等服务，以此来增强交互体验，提升服务质量和安全性。

东呈集团为了持续加强核心业务的数字化能力，全面推进和完善各环节数字化。公司已经开发并实行一系列酒店数字化管理系统，包括酒店管理系统 PMS、中央预订系统 CRS、客户关系管理系统 CRM、加盟生态系统、酒店收益管理系统和拓建一体化系统等核心系统。同时，实现了前台、中台、后台、底层平台相互衔接协作、数据互通，逐步满足了酒店企业的加盟开拓、筹建管理、运营管理、营销推广等各环节的在线化和数字化的管理需求。这既提升了服务效率、减轻了酒店工作人员在重复性劳动上的压力，也提高了住客满意度。未来随着数字化水平的不断提升，东呈集团会进一步优化前、中、后端管理，有望持续降低运营成本，提高盈利能力。

通过营销创新平台体系，实现数字化营销。加速搭建酒店垂直领域的自媒体矩阵，拉动域内沉淀流量交易规模。通过直播宣传并售卖酒店产品，形成线上观看并下单、线下体验的购买方式。例如，万豪酒店集团利用新媒体跨空间、强互动性、低成本的特点，最大程度地为顾客提供个性化定制产品，与客户构建长久关系。万豪酒店集团在国外的渠道有脸书、抖音、推特、油管等，而国内则有微信、小红书、微博、抖音、大众点评等。锦江酒店、维也纳国际酒店、丽柏酒店合体亮相于抖音直播间，通过线上直播的形式向观众全方位展示酒店风采。同时，开启线上直播带货，为线上观众送上了许多优惠福利产品，为酒店获得了不错的流量与曝光度。此外，还有不少酒店在抖音团购方面都获得了不少的销售额。这些新媒体平台为拓宽酒店营销渠道增加了更多可能，也为酒店集团收集了丰富的客源信息，使酒店及时调整服务、产品与营销策略。

（三）创新旅游新业态，发展新兴旅游市场

面对新型旅游形式的兴起，酒店企业立足酒店自身优势条件，通过场景创新、产品和服务创新等多种形式，来满足消费的新需求，为酒店带来了新流量和新利润，酒店竞争力获得极大提升。而面对时常被"熔断"的跨省游，酒店企业通过发展住宿和餐饮之外的其他业务来扩大收入来源，采取叠加旅游项目实现产品的增值，发力本地市场，发展"酒店+"的合作项目，开发微度假酒店产品，将酒店打造为短期度假目的地。

锦江酒店结合当下潮流趋势推出了众多独具特色的新品牌，如瞄准近郊度假市场的酒店品牌"云居"，以东方禅意文化为主题的高端度假酒店"暻阁"，针对年轻创享者的中高端公寓品牌"憬黎"，以及主打北欧舒心健康理念的中高端品牌"舒与"等为主的全新"锦江度假系列"品牌矩阵。与此同时，充分整合融入 GIC（礼业顾问）研发的度假创新体验模块，旨在覆盖度假市场所有核心产品类型和受众群。通过品牌创新、产品创新、服务创新、技术创新，锦江酒店让消费者个性化、多样化的需求得以满足，也让酒店的运营效益不断提升，开辟了高品质度假酒店市场蓝海。华住集团宣布与旭辉商业达成战略合作，依托华住集团在酒店行业的多元产品矩阵和开发经验，结合旭辉在商业板块多年的积累，打造可复制的"酒店+"模板。

突破竞争界限，共建"微度假"特色。微度假指的就是消费者付出较低出行成本就能获得良好体验的短途度假，涵盖周边游、周末游、城市度假等。良好度假体验的保证则来自有特色的产品、高品质的服务。消费者可以利用一段较短的时间便能在"微度假"酒店获得一次度假体验，帮助消费者获得心境的切换和身心的平衡之余，还要求微度假酒店能同时满足老、中、幼三个年龄群体的需求，兼具游乐性、文化性、休闲性和体验性。目前市场上已经形成了亲近自然型、主题游乐型、亲子娱乐型以及健康养生型等丰富多彩的产品类型。

华住集团旗下高端酒店品牌施柏阁和宋品酒店结合"微旅游"，与融创的乐园、海洋馆等项目联动发展。除了与地产商合作来加速扩张，还有一部分以结合"微旅游"的方式来扩张版图。目前，复星旅文旗下全新综合型旅游度假目的地——复游城·太仓阿尔卑斯国际度假区举行了阿尔卑斯时光小镇招商会，该度假区打造阿尔

卑斯雪世界、运动公园及时光小镇三大主题体验，并引入 Club Med Joyview 度假村、Casa Cook 酒店及度假村及 70 万平方米的阿尔卑斯国际社区，其理念就是结合"微旅游"，让顾客在"微旅游"的同时也能拥有多元的体验和高品质的酒店服务。

（四）打造品牌 IP，凸显独具匠心的特色

因地制宜缔造品牌 IP，塑造酒店特性。在当前经济和社会快速发展的浪潮中，住客对酒店服务品质要求愈加多元化，酒店获取客流的渠道愈加丰富，市场竞争愈加充分，酒店发展面临诸多不确定因素和同质化严重的重大挑战。尽管如今酒店行业面临较为严重的同质化难题，但对于市场中的佼佼者而言，总能破除千篇一律，彰显品牌特色基因，凭借其底色与底蕴在竞争中脱颖而出。

随着国风盛行，"国潮热"正席卷中国乃至世界各地。开元酒店集团一直在探索、创新符合新一代国人的文化与生活方式。开元集团打破了安逸，将目光投向了传统文化，关注东方的审美与故事，将品牌进行焕新升级，塑造了一个具有东方美学的品牌 IP，完美地诠释中国传统文化。将简雅、舒适的宋代极简美学运用在"曼居酒店"中，重新演绎宋代的美学文化，让旅客在"曼居酒店"曼享人生，塑造了一个"曼"享品牌 IP。升级后的"曼居酒店"着重于提升顾客的消费体验、提高投资效益，为旅客提供更具现代感的空间设计、更具青春活力的品牌体验。

锦江国际集团依托其建立的"一中心三平台"，即全球创新中心 GIC、全球酒店互联网平台 We Hotel、全球采购平台 GPP、全球财务共享平台 FSSC，通过构建品牌矩阵来对品牌进行梳理，加强资源聚焦来提升品牌价值和产品品质，助力品牌可持续发展。同时，不断优化整合系统平台和职能部门，打通财务、IT、采购平台，为前后端组织和品牌结构整合蓄力。例如，锦江酒店旗下中高端品牌"FONTOO 枫渡"提出"一店一设计"的项目操作方式，表现在酒店客房标准化以及公区定制化，从每一个项目所处的环境中提炼品牌特色，借助品牌 IP 打造来彰显其独特性。

（五）积极探索校企合作，人才供需实现有效对接

积极创新校企合作模式，充分挖掘酒店人才。随着年轻人逐渐成为消费市场的主体，旅游市场逐渐趋于年轻化，如何吸引、留住年轻人才，是全行业都要面临的问题。许多酒店企业将校企合作划入战略级的人才发展项目中，持续与各高校共同培育更多实用型、复合型和紧缺型的人才，不仅以此促进了高校毕业生高质量就业，还为酒店企业输送了大量的优秀人才。此外，酒店企业还实行人才与战略同向同行的计划，通过推行人才计划为人才储备做准备，为广大青年人提供了成为酒店优秀管理人才的机会，也为酒店企业深耕中国、下沉三四线城市、布局中高端品牌等发展路线提供了高素质的人才支撑。

　　远洲作为一家扎根长三角地区的酒店集团，从1999年起，就一直走在探索与创新酒店人才培养模式的道路上。"鸿鹄计划"是远洲专为大学生量身打造的3.5年培养工程，该项目以五大维度为核心精心设计，甄别出"管理"与"专业"型人才，并设计个性化的培养地图，实现双通道职业发展模式。2022年是"鸿鹄计划"训练营的第24年，重点围绕"Z世代领导Z世代训练营"的理念，从安全、食宿、卫生、班级管理到团队建设，全面开启自我管理模式，并在管理与自我管理中实现双向成长。"鸿鹄计划"作为集团六大人才体系的关键一环，为远洲的人才梯队输送了大量的新鲜血液，至今已有近1000名大学生通过该计划来到远洲集团工作，培养了一批酒店业的高级管理人才。同时，远洲酒店积极融入国家教育发展战略，与国内高校合作开展教育部产学研协同育人项目，通过师资培训、课堂改革、实践基地建设等活动，提升酒店业的人才培养质量。

第三章
危机中寻求创新突破
Chapter 3
Seeking Innovation and Breakthrough in Crisis

疫情防控常态化下，酒店行业不断创新经营思路，开辟新的利润增长点，于危中寻机、谋求创新，以更高的品质标准和更多元的发展模式突围自救、寻求发展。尤其是"十四五"时期，我国将全面进入大众旅游时代，这也是酒店业难得的黄金发展期。唯有满足新消费需求、不断升级业态、创新产品和服务方式，酒店业才能重新出发。

一、酒店品牌焕新

（一）推出新品牌

疫情反复，人们不再像从前那样可以来一场说走就走的旅行，这加剧了大众对自然生活的向往。因此，不少酒店开始根据市场需求推出全新的酒店品牌，为消费者提供差异化的住宿体验。受新冠肺炎疫情影响，旅游者的消费偏好和出行方式也发生了显著变化。人们的出游时间呈现碎片化、出游距离呈现短途化、出游预算缩减。中国旅游研究院发布的《2022 中国旅游度假发展报告》指出，中国旅游度假产业进入提质增效新阶段，当前休闲度假已成为旅游消费的重要选项，多样化的旅游度假体系正在稳步建立，呈现新的市场需求和消费特征；近两年，以短时间、近距离、高频次为特点的轻旅游、微度假、宅酒店等产品受到欢迎。

朗廷酒店集团为满足全球千禧一代和 Z 世代顾客群体的需求和期望，推出全新中高端精选服务品牌——奕凤酒店。奕凤品牌通过艺术和音乐向新世代传达品牌故事，以音乐和艺术为特色的社交生活方式，让消费者在此小憩、工作和玩乐。通过艺术品联结不同空间，引领旅客前往多功能中心歇息、玩乐。奕凤通过功能强大的一体化手机应用程序，让消费者享受科技带来的便利。客房配备适应各类旅行和居住需求的家具，大堂和公共空间设有自动售货机，出售多种旅行必需品和食品。该品牌酒店旨在为新世代提供智能的入住体验，以现代设计和简约元素让消费者感受到充满活力的社交氛围。

亚朵推出全新的都市度假酒店品牌"萨和"，品牌名取自傈僳族语言"SAVHE"，意为"呼吸"。萨和酒店在尊重建筑原有风貌的前提下，打造都市中的心灵绿洲，让消费者在萨和度过宁静、自然、治愈的休闲时光。萨和品牌归属亚朵S品牌体系并执行亚朵S运营标准，品牌结合萨和系列洗护沐浴香氛产品。萨和重塑了服务公寓内最初浪费的开放空间，并将其转变为酒店的精神空间"SAVHE"，具有阅读功能，并在城市的喧嚣中营造出片刻的反思。萨和倡导"自然疗愈"的理念，在鲜活且有呼吸感的空间下，兼具品质感和高级感，让都市人在城市间跳出日常倦怠，收获由内而外的身心放松，成为都市微度假的新选择。首家萨和酒店坐落于浦东新区雪野路，上海世博萨和酒店毗邻世博中国馆和梅赛德斯奔驰文化中心。

（二）引进新品牌

全面建成小康社会后，人民群众的旅游消费需求将从低层次向高品质和多样化转变，由注重观光向兼顾观光与休闲度假转变，中国进入大众旅游全面发展新阶段，休闲度假正在成为美好生活的新内涵。疫情虽对远程休闲度假造成一定冲击，但基本趋势没有改变。休闲旅游有着巨大的增长潜力，随着中产阶层的不断增长和消费持续升级，对酒店业的复苏起着重要推动作用。

在这种背景下，凯悦酒店集团推出品牌扩张计划，进一步深化旗下奢华和生活方式品牌的市场细分布局。凯悦酒店集团首次将凯悦嘉荟（Caption by Hyatt）、凯悦悠选（Destination by Hyatt）和汤普森酒店（Thompson Hotels）3个新的酒店品牌引入到国内，这3个酒店品牌有着不同的特色和风格，全面覆盖千禧一代、Z世代等不同细分市场人群。凯悦嘉荟强调酒店的设计感、舒适性、交通方便和"自助式体验"，将生活方式酒店的设计感和舒适性，以及高级酒店的灵活变通和自助自享相结合；致力于打造真正融入当地生活与文化的酒店品牌，打造有意义的情感联结空间，希望联结旅客和本地社群。凯悦嘉荟酒店的核心是Talk Shop，是一个全天开放的聚会场所，消费者可以在这里吃喝玩乐，与朋友聊天，处理待办事项或只是放松一下。凯悦悠选是一个多元的酒店品牌，强调沉浸式体验以及设计和服务，在个性化的基础上彰显每个地理区域的文化精髓；专为探索自然人文和发现自我而精心打造，致力于为宾客提供沉浸式的多元文化体验，感受当地风情精髓。该品牌涵盖独立酒店、度假村和度假公寓，满足客人对探索、冒险和创意的渴望。汤普森酒店是精致考究与活力动感完美融合的系列酒店，每家酒店均与周边环境恰当贴合并融入本地社区文化，为志同道合、热爱文化和文化触觉敏锐的旅行者提供了一个充满活力的聚集地，涵盖多个或传统或时尚、或精致或休闲、或流行或小众的不同文化交流碰撞的聚会空间，各地的音乐、艺术、设计、美食等多元文化在酒店融合。

2020 年，希尔顿集团旗下的希尔顿惠庭酒店（Home2 Suites by Hilton®）进入国内，该品牌面向旅居市场群体，凭借"乐居由你"的旅居生活概念和充满活力、智趣的品牌理念及前瞻设计的原型产品，受到业界及消费者好评，吸引了众多投资人的关注。截至 2022 年 6 月底，签约及意向酒店超 150 家；正式移交筹建项目已辐射至全国 23 省（市、区）72 个城市。

2021 年 4 月，锦江酒店集团（中国区）将憬黎公寓酒店（TULIP LODJ）引入国内。憬黎品牌源自于锦江旗下卢浮酒店集团，致力于为年轻开拓者们打造一个理想的城市长居之所。憬黎酒店不仅将"一体化"体验赋予酒店式公寓客房和公共空间，更以极富创意的方式在功能和服务上将共享、私密与灵活定制化相结合。在憬黎公寓，不仅能够享受充满归属感的居住体验，还可以就近社交，在优质人际交往中感受生活。憬黎以长短租结合运营模式，提供酒店的空间质感和尊享服务，以及公寓的长居生活感的新时代居所，满足年轻租房群体对于品质升级、体验升级的需求。

（三）品牌升级焕新

在不断变化的市场中，酒店面临着外部的经济变化，消费需求的变化，以及供需模式的变化，酒店竞争压力越来越大。为了适应不断变化的市场格局，越来越多的酒店开始重塑品牌形象。华住集团将旗下怡莱品牌与你好酒店品牌合并，所有的怡莱酒店都会陆续升级为舒适型的"你好"酒店品牌，所有的你好酒店也会全部变为新 VI（Unix 及 Linux 系统下标准的编辑器）设计下的智能酒店。你好酒店放弃了"H Hotel"标志，使用更加有亲和力的、更温暖的、更突出"你好"中文字样的淡蓝色与淡黄色标志，聚焦于对用户传递重视、热情、关怀与温暖，用简单真诚的表达为消费者带来最纯净的温暖体验，为市场提供更高的性价比和投资回报率。具体来说，对内，你好酒店升级 VI 体系、完善产品研发、打造客户体验、打通供应链；对外，你好酒店在一年的时间内实现了全国 100+ 个省市、地区以及 135 家你好酒店的布点，并在一二线城市打造旗舰店，直观展示你好酒店的新形象。你好酒店倾全力打造好品质、好品位、好品牌"三好标准"。

2020 年，旅悦集团对民宿酒店品牌花筑的形象进行全面升级焕新，全新升级花筑的品牌 VI，对花筑的 logo、配色，以及门店配套物料等衍生周边进行了全方位升级。花筑品牌保留了原 logo 的太阳花图形，对字体进行升级调整，将文字部首设计成有民宿特点的屋檐样式，将民宿酒店的文化底蕴与独特美学融入其中，体现了花筑与在地文化相结合的特色。通过一花一筑一景来传递一种返璞归真、拥抱自然的生活方式，也与"景区旅行，就住花筑"的全新品牌标语完美契合。花筑酒店通过升级品牌形象，加深品牌化发展，打造差异化的竞争优势。目前，花筑民宿酒店签约开业门店已超过 1500 家，累计接待人数超过 550 万人次。

二、发掘新空间中的投资机会

虽然疫情还未远离，但酒店企业仍然在不断探寻新的投资机会，以寻求更大的发展空间。

（一）积极融入城市更新项目

在国家"十四五"规划和 2035 年远景目标纲要中，首次将"实施城市更新行动"列入其中。使得一些城市中心设施陈旧的物业、建筑开始通过改造寻找新的市场机会，而酒店正成为城市更新越来越重要的承载项目，这给酒店投资提供了新的机遇。如上海地产集团作为上海城市更新基金的主体，通过股权划转，目前已持有锦江国际 19% 的股权。上海地产集团借助锦江国际的力量在城市更新项目中更好地开展酒店业务，锦江国际会获得在上海核心区的更多发展机会。如杭州博奥开元名都酒店换牌更新为开元名都，酒店翻牌后关注服务品质和口碑提升，着力于社群关系及线上市场开发，客房出租率大幅提升，酒店中餐及婚宴的知名度和口碑不断提升，同时保持较高的西餐上座率。武康路 100 弄是建于 1918 年的两座英式乡村风格建筑，通过更新修缮，该建筑以上海隐居繁华·武康路公馆"酒店"的身份重新示人，再现了上海海派文化洋房花园的魅力。该酒店仅有 20 间客房，客房名称均用上海话的发音来命名，如：伊、侬、吾、弗等。房间内的设计与建筑整体的古典风格相搭配，将海派文化融入其中，成为城市中可感知的"微地标"。远东宏信与锦江酒店合作，在成都宽窄巷子打造了首个城市更新项目——ZMAX HOTELS 满兮酒店，作为设计酒店 ZMAX HOTELS 能够将本地传统文化元素巧妙融入酒店空间中，打造传统与潮流融合新地标。

（二）加大下沉市场布局

下沉市场热度高涨，头部企业加速连锁化。位于三四线及以下城市或地区的大量单体酒店倒闭，释放了部分市场份额，为连锁酒店品牌的扩张提供了机会。尤其是三四线城市的单体酒店数量多，连锁化率低。疫情下的单体酒店抗风险能力弱，经营难以为继。而连锁品牌酒店的优势更加明显，拥有更强的抗风险能力和强大的会员体系，很多单体酒店开始主动加入连锁酒店品牌，完成转型，提升获客能力，推动我国酒店连锁化率不断提升。2019 年，华住集团提出"万家灯火"和"千城万店"的目标，布局下沉市场；在 2021 年新签约的 2849 家酒店中，低线城市占比为55%。2022 年 9 月 7 日，锦江酒店集团召开 2022 年半年度业绩说明会，虽然受到疫情影响，2022 年上半年公司新签约酒店 1115 家，全年目标新签约 2200 家，针对下沉市场，锦江仍然以"有限服务型酒店"为重点发展方向（近两年新开业和新签约门店中 70% 以上为中端品牌）。酒店业头部企业通过其完善的运营管理制度、数字化系统和庞大的会员体系，加速在下沉市场的扩张，寻找经济型连锁酒店新的增长市场。

（三）到美丽乡村大显身手

2021 年中央 1 号文件提出全面实施"乡村振兴战略"，充分挖掘乡村自然资源优势，发展乡村旅游是落实乡村振兴战略的重要途径之一。目前，乡村地区有独特的生态和人文旅游资源，交通、水电等基础设施已经较为完善，但在住宿产业方面还存在着明显的短板，这就为酒店企业带来了发展机遇。酒店企业到美丽乡村大显身手，推动旅游产业全面转型升级，并带动周边地区乡村建设和旅游业发展，助力乡村振兴。

松赞度假酒店集团是以藏族文化为特色，涵盖酒店、旅行、公益及文化传播的藏地度假精品酒店集团。松赞通过在一条线路上布局多个酒店，来增加酒店体量、提高运营效率，同时保持服务品质和独特性。松赞酒店 2022 年获得招银国际 3 亿元投资，实现在疫情下逆势扩张，不仅可以扩大酒店规模，还有助于集团的正规化、现代化和国际化。松赞建立了自有车队，依托酒店打造精品旅游线路，为旅行者提供一站式服务。松赞将依托自有酒店及越野车队，打造云南大香格里拉地区环线及东起丽江西至拉萨的茶马古道滇藏线这两条融酒店度假、文化体验、自然旅行为一体的体验线路，形成"一环一线"的战略格局。

2016 年，开元酒店集团就打造了乡村度假生活方式酒店品牌"芳草地"，遵循"自然天成，心宿芳草"理念。芳草地拥有多种形态的住宿体验，如特色小木屋、船屋、草屋、帐篷等，酒店配套游乐场、农牧场、马场、自然教育、儿童拓展中心等休闲及生活设施，为宾客营造出自然清新、心之归处的度假氛围。芳草地酒店在守住生态环保底线的基础上，打造独特的乡村式生活体验，让城市客群体验到原生态的自然环境和休闲生活。芳草地度假酒店是大型连锁酒店集团打造高品质乡村度假的一次积极尝试，开元酒店集团的首家乡村度假产品芳草地酒店落地湖州长兴。芳草地度假酒店广泛地与乡村农户展开合作，芳草地的体验活动、主导开展的农产品展销会，都促进了乡村优质特产农产品的销售；酒店餐厅会推出本土化特色食品，如蔬菜、蛋类、肉类、水果等。

三、打造酒店生活场景新体验

酒店与新零售的融合已经逐渐进入深水区。从空间卖场、会员互通互惠，酒店正在成为新零售的重要参与者。疫情防控常态化下，酒店不再局限于住宿服务，也跨界到零售业务，将服务内容拓展至与消费者生活有关的场景，"酒店＋新零售"可助力传统酒店实现转型升级，增强与客户的关联性，提升复购率。

（一）打造"酒店＋生活方式"的多场景体验

亚朵集团在用户权益上跳出了酒店场景，为用户打造出多个生活场景的新体验，致力于打造生活方式品牌集团。这些场景延伸至出行、阅读、健身、餐饮、艺术、新零售等多个生活场景。在运动健身方面，亚朵集团与 Keep 合作，亚朵集团在全国范围内的 100 多家门店上线了 Keep App 中的 10 款付费课程，入住的亚朵 A 卡会员可免费体验，双方还互通了部分会员权益，给会员用户提供前所未有的健身体验。休闲场景方面，亚朵集团与永璞咖啡合作，首家线下门店也将落地，给会员用户提供更加优质的服务体验。在阅读方面，亚朵与拥有百万册图书的竹居进行合作，将竹居的免费借阅权益嵌入到亚朵的会员系统，竹居在全国 130 多座城市拥有 700 多家流动图书馆。亚朵酒店提供个性化和沉浸式的购物场景，帮助顾客完成从发现到购买的个性化购物旅程，尤其是在酒店客房和公共区域内布置大量购物场景和入口。截至 2021 年 12 月 31 日，亚朵酒店共开发了 1665 个场景零售 SKU（单独一种商品），零售业务产生的 GMV（商品交易总额）2.282 亿元，在 2019 年和 2020 年分别为 8280 万元、1.072 亿元。此外，亚朵 A 卡的会员权益体系中还有包括单向空间、力波啤酒、UCCA 尤伦斯当代艺术中心、拉面说、高德打车、倍轻松、曹操出行等品牌的权益。

（二）为会员构建"本地生活"服务场景

疫情防控常态化下，酒店集团开始重构会员体系，增加会员黏性，提高忠诚度，为酒店复苏积蓄客源。通过创新的会员服务理念，赋能会员体系，提升会员专属权益，给予会员更多优惠权益，为其提供更优质的酒店产品和服务，全面提升服务品质和顾客体验，让现有的流量成为留量。会员具有稳定性、长期性、忠诚性等特点，有着极高的消费能力和复购率，同时营销成本和维护成本低，是酒店持续健康发展的基础。

首旅如家成立了"如 LIFE 俱乐部"，该俱乐部致力成为会员美好生活方式的领导者，围绕尊享酒店权益、精彩跨界权益、多元化本地生活和精准圈层运营四大板块，全面为会员美好生活赋能；旨在为会员提供更大力度的尊享住宿权益以及除住宿以外的 230 多项生活权益及生活方式社群服务，包括出行、餐饮、休闲零食、生鲜零售和休闲娱乐等各个领域。首旅如家一改以往单向的会员沟通模式，建立社群进行精准圈层运营，以便与会员进行双向交流沟通。不同的兴趣群中，会员可以互相交流、发言。酒店通过高频的零售与会员在各个触点进行情感与生活方式层面的交流，给予他们住宿之外的多元服务、权益和体验。颇具特色的"本地生活"服务让会员在居住地也能参与各类社交娱乐活动，如每月都举行的读书会、品酒会、亲子活动等。通过行业首创独享的各类跨界生活权益，有效提升新老会员对品牌的满意度和忠诚度，让会员与酒店品牌达成记忆与共识，让会员与"如 LIFE 俱乐部"实现深度连接。

（三）打造"酒店＋跨境电商"的场景化体验

酒店与新零售的跨界融合已经逐渐进入深水区。从空间卖场、会员互通互惠开始，酒店正在成为新零售的重要参与者。在以国内大循环为主的背景下，酒店不再局限于住宿服务，也跨界到零售业务，将服务内容拓展至与消费者生活有关的场景。首旅如家打造跨境新零售平台，是跨境电商和新零售的结合体，形成"供应商—平台—消费者"的完整闭环。首旅如家酒店集团上线了全球商品数字化贸易服务平台——首免全球购平台，该平台主要收取服务费，是首旅如家打造的特殊零售渠道，具有正品、零关税两大特征，是全国酒店行业推出的首个跨境电商服务平台，通过打造该电商平台为会员提供住宿以外的新价值，并带来新的发展机会。如在酒店场景内，开办"全球好物市集"，通过场景化体验，将酒店作为品牌集中展示的窗口，推出一些融合酒店生活方式的"好物"，高效连接了酒店、供应商以及消费者[①]。与其他跨境电商相比，首免全球购平台具有两方面的优势，一是拥有"私域"流量，不仅可以精准向会员推送信息，未来还具有很强的低线城市私域流量裂变的可能性；二是供应链优势，已经实现了全数字化、一键式的"下货，到货"。如"LIFE 俱乐部"的过亿会员在家就能享受到全球正品、零关税到家的购物体验，买到更多全球正品好物。

---

① 一脚踏入跨境电商赛道，首免全球购正带给首旅如家更大想象空间（baidu.com）

四、不断开发新的住宿业态

（一）生活方式酒店快速发展

目前，生活方式酒店快速发展，成为各大酒店集团重点拓展的品类。目前国内推出的生活方式酒店品牌已有近百个，数量紧随商务酒店、度假酒店之后。2022年4月，雅高集团、Ennismore、凤悦酒店及度假村在中国市场开发与国际生活时尚品牌JO&JOE开展的战略合作，并致力于开设至少1300家门店。生活时尚酒店JO&JOE采用开放式玩宿空间理念，在设计上打破了传统酒店式住宿概念，融入都市艺术、时尚餐饮、前卫设计等元素，将酒吧、餐厅、旅馆、秀场融合为"Open House"（开放参观），开创一个全新生活方式品类"玩宿空间"，选址多在中国的一线／新一线、省会和网红城市。除了提供客房住宿服务，每一家JO&JOE酒店都将被打造成为当地极具吸引力的餐饮打卡点和活动举办地，提供咖啡、办公、小酒馆、轻餐饮等多元业态，满足多元消费需求。酒店的独特风格和热情氛围注入都市生活、城市商圈和社区社群，成为Z世代游客和本地宾客的全新欢聚场所。雅高大力加速生活方式品牌的国际扩张，巩固其在生活方式领域的地位，预计到2023年将生活方式酒店的数量增加两倍（目前在雅高占比25%）。

（二）野奢住宿成为网红产品

疫情防控常态化下，消费者在出行时更愿意选择人流较少的活动，以露营、野奢酒店、帐篷酒店等为代表的野奢住宿的场景更加多样化，为人们提供全新户外生活体验，让市民游客在更为新潮的生活方式中与大自然亲密互动。如野外轻奢露营活动精彩纷呈，打造户外生活新空间。露营经济满足了全面建成小康社会以后大众旅游个性化、多样化休闲新需求。露营经济培育了大众旅游、智慧旅游、绿色旅游时代的新业态，培育了新的产品，并形成了新的商业模式。有些景区、公园开始为游客提供一站式的帐篷、炊具租赁服务，让游客实现"拎包露营"的低成本轻松出行。除了露营，建在户外的野奢酒店、帐篷酒店既满足了消费者想要接近自然的期望，又能享受舒适的环境，正在成为个性化旅游消费热点。在帐篷客酒店快速发展背景下，除了为消费者提供安全舒适的环境，更重要的是提供多元化的休闲娱乐场景，满足消费者休闲度假、社交等的需求。如驴妈妈打造的安吉帐篷客·溪龙茶谷度假酒店，按照星级饭店标准提供床上用品和软装饰，受到游客的喜爱。三夫户外旗下露营品牌 SANFO HOOD 与三卅精品民宿联合打造三卅露营地以及帐篷酒店，满足客人多元体验的需求，入住客人能享受到健身房、恒温泡池、西餐厅等成熟的餐饮娱乐服务。

（三）宅度假兴起

"宅度假"的英文名为"staycation"，指在假期留守常住地，或以仅在周边短途旅游为主的度假模式。近代 staycation 的概念诞生于金融危机后的美国，居民可支配收入大幅下滑，宅度假逐渐成为主流趋势。这种度假方式本是一种被动的选择，因为交通拥堵、预算和时间受限而做的不得已之举，但随着国内居民对度假的理解渐趋深入和理性，宅度假在国内兴起。中国旅游研究院监测显示，2022 年国庆假期，全国旅游市场以本地休闲和近程旅游为主。以本地游、周边游为代表的近距离、短时间、高频次的"微旅游""微度假"兴起。在新冠肺炎疫情影响下，人们的出游距离缩短，宅度假重新回到人们的视野，越来越多的人自然而然地选择宅度假的出行方式。尤其是一些品质酒店让住客享受一站式度假服务，让高品质酒店成为度假目的地。如上海徐汇区有 16 家特色精品酒店就推出了"住徐汇·品海派"文化和旅游消费活动，让住在这些酒店的顾客沉浸式体验海派文化。参与活动的酒店中，既有由英式别墅改建而成的上海隐居繁华酒店，也有充满人文历史底蕴的花园别墅式酒店东湖宾馆，以及由石库门里弄建筑改建而成的建业里嘉佩乐酒店。独具特色的精品酒店和海派文化，让宅度假成为疫情防控下的一种美好体验。

五、为行业复苏加大人才储备

酒店作为劳动密集型行业，营收不稳定和现金流短缺造成旅游企业的用工极度不稳定，员工大量流失，不利于疫后行业复苏和振兴。《2022 中国酒店业发展报告》

统计数据显示，当前国内酒店业存在近 300 万人的人才缺口。疫情下，酒店业人才资源建设显得尤为重要，人力资源意味着企业的竞争力。酒店集团正通过多渠道加大人才培养和储备，为未来的可持续发展蓄能。

（一）多渠道留人育人

疫情防控常态化下，各酒店集团着眼于长远发展，对国内疫情复苏充满信心，疫情发生以来坚持"保持一线员工不裁员、不减薪，保障酒店的正常运营"。在上海疫情期间，华住集团 5 位班委成员决定工资减半，并用这部分资金设立"2022 抗疫特别基金"，以关怀和表彰上海抗疫期间的一线员工。华住还在疫情期间组织了超过 1000 场线上培训帮助员工提升专业和技能，彰显出了企业文化的温度和对人才成长的重视。尽管酒店行业的发展面临着诸多不确定性，华住集团仍投入资金培养年轻毕业生。集团推行了"领航计划""岭秀生""科技新军""集团管培生"等多项人才计划，一方面，这些各具特色的人才计划不仅为华住深耕中国、下沉三四线城市、布局中高端品牌等发展路线提供了高素质的人才支撑；另一方面，也为广大青年人提供完善的培养体系及培训资源，以及成为优秀酒店经营和管理专家的机会。华住旗下拥有"华住研学中心"，在一线实战中培养了一大批经验丰富的酒店从业人员，通过"传、帮、带"等方式，进一步完善人才培育机制。2022 年教育部公布的第一期供需对接就业育人项目首批立项名单中，华住在 2021 年度申报的 91 个项目全部成功立项，其中，定向人才培养项目 49 个、就业实习基地项目 31 个、人力资源提升项目 11 个。华住提出了基于"人人都是钢铁侠"的理念，通过技术赋能，让每一个人都能穿上"超人"的衣服。坚持"用技术武装每一个华住人"，通过数字化的手段赋能店长、前台、客房阿姨等工作人员，不仅让这些人员的工作变得更简捷和高效，也降低了岗位难度、缩小能力方差。[①]

（二）数字赋能，创建学习型组织

酒店集团纷纷搭建数字化学习平台，创建学习型组织。锦江酒店（中国区）依

---

① 破解酒店人才困局的顶层设计，他们有何妙招？（baidu.com）

托锦江酒店大学线上学习平台，打造学习发展和人才发展信息化系统，充分发挥数字化学习优势，加速人才培养，以达到赋能业务。锦江酒店数字化学习平台通过知识产品化、学习个性化、运营数字化、结果可视化，提升学习体验与学习效果，将经验、知识、能力、学习、人才闭环管理，真正做到"学以致用，用以致学"，同时加速人才培养以赋能业务，创建高效学习型组织。锦江酒店（中国区）根据业务特点、岗位性质和级别，为员工设立了具有一定灵活性与宽泛性的职业发展结构。基于公司职位序列体系特征，采取"综合多通道"方式设计员工职业发展通道，以员工职序为基础，以管理和专业为方向，形成"专业发展与管理发展结合、职业等级与职位等级结合、纵向发展与横向发展相结合"的多元化职业发展通道。

第四章
发展重心回归

Chapter 4
Return of Development Focus

疫情发生以来，经济、技术、政策等环境发生了重大改变，住宿业复苏面临诸多挑战。随着酒店市场和产业格局的变化，酒店依靠自身力量求生存、谋发展，将重心回到酒店运营和资产管理本身，重新认识行业的本质，寻求核心竞争力的提升，努力探索行业的复苏之路。

一、酒店从"配角"回归"主角"

由于疫情和地产行业的双重影响，原来作为地产配套和附属的酒店业，将发展重心逐渐回归到酒店本身。随着资管时代的到来，酒店从增量市场跳出，到存量市场寻求突破；从为地产项目赋能，到依靠酒店运营和资产管理进行收益；从以住宿为单一业务，到加强产业融合，实现行业的相互促进。

（一）从增量市场到存量市场

经过二十余年的高速发展，酒店业从增量时代逐渐进入存量时代。在当前的经济环境下，酒店存量市场呈现强劲的发展势头，从增量市场向存量市场推进成为必然过程。

存量市场的规模十分庞大。随着我国经济增速放缓，酒店行业也进入存量整合期。目前国内的存量酒店达到了数十万家，客房数超过千万间。经过疫情的冲击，一些生存艰难的酒店将会出售或者退出酒店投资，这无疑势必增加存量市场。有实力的集团将利用这个机会，逐渐壮大产业，实现从单体到连锁的转变，诞生新的品牌。粗略估算，中国酒店存量市场中单体酒店占比高达75%，可触达的市场规模接近1万亿元。近年来，首旅如家、华住、锦江等都看到了存量单体酒店的潜力，并实施相关的存量市场发展战略。

下沉市场中的存量市场充满机会。未来的酒店竞争将集中在存量市场中，特别是三四线甚至五线城市，市场下沉是当前真实的发展现状。其中高铁沿线、百强县城、中西部重点城市等自带高流量的下沉市场，成为本土酒店集团们扎堆的流量新高地。值得注意的是，越来越多的酒店集团正在发力下沉市场，进行存量酒店的翻牌和改造。例如华住集团调整组织架构，正式成立六大区域公司，进一步深耕区域发展，下沉三四线战略进行落地，第二季度新签约的 561 家酒店中有 58% 来自低线城市。首旅酒店集团公开透露，2022 年"如家系"品牌的主要开发目标是下沉到四五线甚至六线城市，计划拓展 600 家店。

存量物业亟待转型升级。2022 年 5 月份，国务院办公厅曾发布《关于进一步盘活存量资产扩大有效投资的意见》，其中提升酒店企业存量资产运营效益也是重要方向之一。城市存量物业的升级改造逐渐成为酒店投资的主旋律，一方面是由于核心城市土地供应的逐渐减少，限制了新酒店的开发；另一方面，城市里尤其是一线和新一线城市的成熟都市商圈和酒店开发地点有大量的存量物业面临着设施老化、风格的陈旧、竞争力的下降，也面临着重新投资升级改造的机会。例如 2021 年凯悦集团宣布接手停业改造的上海四季酒店，将在原址上打造成为上海首家阿丽拉酒店。2022 年 2 月，沪上第一家五星级酒店华亭宾馆因设施陈旧落后于时代，正式宣布歇业改造，整体提升改造成为酒店重焕新生的必由之路。博思恩资本也计划成立酒店产业特殊机会投资基金，专注于收购北、上、广、深、杭、苏这六个城市核心商圈陷入财务和经营困境的中高端酒店。

疫情下，酒店行业正在发生剧烈变革，国际中高端连锁酒店品牌渐成主流，单体酒店品牌发展面临巨大挑战。尤其是存量物业、经营多年的老酒店，如何抓住当下酒店发展窗口期，华丽转身焕发新机，成为不少酒店投资人思考的课题。

（二）从地产赋能到资产管理

中国酒店市场发展已经从 1.0 时代（以政务接待为主的"国宾馆"时代），经过了"地产大爆发"的 2.0 时代过渡（以为地产项目赋能为主），到达了现在具有"资产管理思路"的 3.0 时代，这意味着酒店业回归，将依靠酒店运营和资产管理本身盈利，而不是靠地产获利。

把握资产管理，重视酒店资产交易。随着增量市场转战存量市场，酒店资产管理的时代已经到来——理性的初期投资、成熟的运营以及灵活的后期退出，将是众多酒店投资人与企业面临的挑战。酒店资产管理贯穿在酒店开发、收购、定位、设计、建设、运营、融资、退出等酒店全生命周期的各个环节。对酒店全生命周期的思考，不仅关注"投资开发"板块，更注重后续运营阶段以及资产退出阶段。酒店资产交易正成为 2022 年国内酒店业的关键词之一，据《澎润 2022 年酒店业展望与十大趋势》预计，2022 年中国酒店资产交易将逐步增多。6 月初，身为中国规模最大的综合性旅游酒店集团之一的锦江国际集团顺势推出"全球酒店交易服务平台"，进一步完善产业链版图。

转型轻资产模式，实现收益的最大化。众所周知，酒店集团 / 酒店管理公司都在往轻资产模式转型。在轻资产的模式里，酒店集团的主要营收来自品牌输出和管理输出的收入。为应对疫情冲击，酒店行业整合加速，停止或降低资本密集的地产投入，加大授权、管理、托管等轻资产管理服务，制定恰当的经营管理和合适的退出机制，实现酒店投资可持续发展。例如富力地产卖掉北京富力万达嘉华酒店，通过出售万达系酒店缓解债务压力，减缓经营困局，从重资产转向轻运营，减轻企业负担。以及碧桂园、万科、融创、金茂、绿地、旭辉等多家规模房企，加强运营管理层面构建，成立相对成熟的酒店业务管理公司。国内知名中端酒店品牌如全季、亚朵、丽枫等都进行了业务的拆分，不进行投资开发，只负责品牌管理和服务输出。

注重酒店运营，实现资产的持续增值。酒店是一个投资与运营并重的行业，仅有投资而没有好的运营，是很难实现资产的持续增值。酒店运营的本质是获得可持续的、平稳的现金流，从而成为资产配置的一部分。运营升级将是存量资产增效的关键：一是深挖客房、餐饮、会议等主营业务潜力，既有的业务开源与节流兼顾的同时，通过强化激励与营销提升基础营收；二是以任务变业务为切口，迅速扩大试点覆盖面，并适时延展同类市场，形成新的营收支撑；三是充分发挥低坪效空间的潜能，对不同业态及组合进行尝试和思考。例如万达酒店及度假村通过利用公共空间举办各类活动，打造多种消费场景，提升复合空间运营能力，提高酒店的投资坪效。隐奢逸境酒店管理公司接管丽江金茂璞修·雪山酒店后，通过强大的运营能力，使得酒店收入得到极大提升，房价远超多数国际奢华品牌酒店，金茂集团也将此项目打包进资产包在上交所发行。

（三）从产业融合到产业延伸

新冠肺炎疫情的突袭加速了酒店行业的洗牌期的到来，也给一部分有实力的酒店企业带来了新的发展机会。在新的消费趋势下，酒店集团要守好住宿业务阵地，同时也要加强产业融合，发展壮大衍生业务，延长住宿产业链，提升非住宿业务综合收益。

创新"酒店＋"融合新模式。住宿产业从前端到供应链后端，是一个庞大的体系，需要多方资源的支持和配合。酒店企业要学会巧妙借力，融合多方资源，创新发展模式，对住宿业务和产品进行提档升级。创新"酒店＋交通"，如首旅如家酒店集团与熊猫遛娃携手，试点探索亲子住宿＋出行新模式，倾力打造覆盖全行程的高品质出行体验。创新"酒店＋快餐"，如格林酒店买入大娘水饺开启"绑定"模式，酒店楼下即有餐厅，相互促进、相互合作，同时满足消费者住宿、餐饮两重需求。创新"酒店＋IP"，如深圳华侨城洲际大酒店首次联合原创 IP 珍妮马斯，在酒店内全方位打造沉浸式 IP 活动体验场景，增强酒店的主题性和趣味性。创新"酒店＋运动"，凯悦酒店集团宣布与安踏集团旗下意大利运动品牌 FILA（斐乐），携手打造精品运动生活方式酒店，为消费者带来全新体验感。创新"酒店＋电竞"，如美团酒店与盛天网络合作推进电竞酒店产业发展，双方将共同为电竞酒店打造定制一站式服务平台。

拓展延伸住宿产业链。酒店集团和企业在做好核心业务的同时，打破产业传统边界，在信息技术和互联网加持下，延伸和拓展酒店产业链。推动住宿与餐饮、零售、旅游、康养、文创等产业的融合发展，形成"住宿＋"特色产业体系，推动住宿产业向价值链高端迈进。例如南京金陵饭店为围绕酒店主业发掘产业链，切入旅游开发、房地产开发、物业管理、食品制造等领域，实现业务多元化协同发展。富士丽雅酒店集团以酒店＋轻餐饮模式为主导，通过多年的酒店和餐饮管理运营经验，利用自身供应链优势，成功打通酒店＋餐饮全产业链通道。华天酒店围绕住宿业务，大力发展酒店商贸及洗涤、家政、物业、安保等生活服务业，2022 年生活服务业营收占总营收比例提升至 8.44%。

二、重新认识酒店行业本质

尽管疫情抑制了部分商务旅行和出游市场，但是消费者对美好生活的追求和对品质化的需求仍在提升，并且酒店行业者也重新认识到行业的本质就是要不断提升品质。通过重视酒店的服务价值、实施精益化的管理，整体提升酒店的品质感，从而吸引和留住更多的消费者。

（一）关心规模，更关心酒店品质

经过疫情洗牌，想让酒店回归生命力，酒店集团除了要关注规模发展，还要关心酒店品质建设。通过回归住宿本质，营造安全、舒适、高品质的室内环境，将酒店提质进行到底。

酒店集团开启规模增速调整。在疫情影响之下，万豪、洲际、雅高、凯悦、希尔顿、温德姆等国际酒店集团逆境加码，截至 2022 年三季度，在华开业酒店突破 3500 家；华住集团、金陵连锁、首旅如家、锦江集团等国内酒店集团顺势而为，对当前的发展战略和规模增速进行调整，重新布局业务板块。华住集团提出"精益增长"战略，将加速退出经济型软品牌酒店市场，转型中高端品牌酒店市场，每年保持 100 家店以上的新增速度。金陵连锁 2022 年目标规模发展至 300 家，初步完成省内及全国重点城市战略布局的阶段性任务，让"金陵"品牌走出去。首旅酒店放慢了开店速度，下调目标开店数量，由计划的 1800~2000 家下调至 1300~1400 家；锦江集团也将开店的数量从计划的 1500 家下调至 1200 家。

良好品质是酒店的核心"产品"。酒店业已经非常成熟发达，主题文化酒店、功能特色突出的酒店推陈出新，单凭"特色"已经不能满足消费者的核心需求，酒店发展最终还是要落到品质提升上来。品质过硬的酒店能够吸引到源源不断的客群，保持一个长期稳定的市场份额，实现客群的回流。而疫情加速了酒店行业品质升级，告别粗放式运作，走向品质化提升，将是经济型酒店行业发展的趋势。7 天酒店在关注消费者"睡好觉"这一核心需求的同时，推出了一城一味营养早餐，率先迈出了经济型酒店品质提升的关键一步，引领经济型酒店从单纯的"价格时代"转向多元的"品质时代"，以持续升级的品质为广大消费者带来高性价比旅宿选择。

（二）关注质量，重视服务的价值

酒店本质上是一种服务产品，是旅游要素中的一环，因此酒店务必要重视住宿等基础服务。同时高品质的酒店离不开高质量的服务，提升服务质量，完善服务内容才是成功经营之道。

基础服务是酒店客户体验的"基石"。酒店花费大量的金钱来装修或者投入新的餐厅或更新设施，如果连基础的产品和服务都掌握不好，那么一切都是浮云。《2021 中国住宿业网络口碑分析报告》数据显示，虽然不同等级酒店服务诉求存在细微差异，但是不同人群的服务诉求整体一致，比如干净、卫生就是所有人的基本诉求。这就要求酒店品牌在创新个性化服务之前，先从健全基础设施、卫生、环境、安全等方面下功夫，苦练内功，满足消费者舒适的住宿需求。例如世茂集团旗下酒店，通过无接触式入住、高频次无死角消杀、员工自身预防等措施，为住客提供安心的基础服务。7 天酒店积极采取多样化"酒店安心住"防护措施，围绕安心防护、安心环境、安心体验与安心居住等多个方面，为住客筑造安心的港湾。国内连锁酒店管理品牌东呈，也在疫情期间乘势开发多款安全品质的住宿产品，备受市场青睐。

服务质量是提高酒店核心竞争力的基础。随着酒店市场竞争的加剧，消费者的消费需求多元化，酒店之间竞争越来越重视服务质量高低，同时酒店服务质量的提高也是维持酒店品牌的重要保证。服务质量管理应立足于标准化，关键在于构建标准完善的酒店服务质量体系，设立专门的服务质量管理机构、制定服务质量监督制度、树立具体的服务质量标准等，提高酒店服务质量水平。服务质量管理应走向个性化，酒店个性化的服务最能体现出服务质量水平的高低。例如坤逸酒店集团针对个性化服务体验，为每一位客人划分并创建相关的特征标签，打通云端所有系统，使得客人入住坤逸酒店集团旗下的任一品牌，都能够感受到温暖的、定制化的酒店服务，从而提升用户黏性，创造长期的客户关系，提升酒店营收。

（三）突出运营，落实精益化管理

众所周知，运营一家酒店的成本是非常巨大的。无论是能耗、人力成本、推广费用等，都是运营工作中必须考虑的前提。再加上疫情影响，运营成本和压力增加，从粗放式管理到精益化管理就尤为重要。通过以顾客需求价值为主导进行精益化管理，将一切费用成本进行分类并及时调整，淘汰不必要的资源浪费。

通过精益化管理，提高工作效率。面对疫情带来的经营挑战，酒店各部门要坚持"凡事有交代，件件有着落，事事有回音"的工作闭环理念，不断发现新问题、挖掘新需求、破解新难题，突破经营惯性，追求优化创新，持续坚持提质创效。通过建立完善的标准化管理体系、各类分析系统、检查机制、会议系统、工作计划与总结机制、培训体系、绩效奖罚机制、无尘化管理等，使得各部门各岗位环环相扣，真正实现精细化、标准化的酒店管理。疫情暴发后，华住集团顺势而为，通过数字化重新梳理业务流程，将"易系列"数字化产品甚至覆盖到维修和能耗等层面，持续优化对客服务、日常运营以及后台管理的效率，抵抗疫情冲击、推动行业变革。融通旅发北京天泰宾馆积极顺应集团公司形势要求，全面开展精益管理，积极推进一体化改革，实现宾馆转型重塑、赋能增效，节省管理费约 30 万元。

通过精益化管理，减少资源浪费。酒店精益化管理的目标，就是在为顾客提供满意的产品与服务的同时，把浪费降到最低程度。酒店过去流行提供大量的一次性物品，从资源环保方面考虑，对于不影响卫生和安全的一次性物品，酒店可以减少提供。对于顾客不常购买的酒店房间里的收费商品，可以在每层楼的露面处设置柜台或自助柜台，这样可以减少处理过期物品的成本，同时提高酒店物品成本管理效率。对于酒店餐饮浪费，一些国际品牌酒店摸索出了具体、全面的做法，比如通过餐厅设计引导顾客理性消费、利用高科技设备跟踪食品浪费情况、酒店内部合理使用剩余食材、通过对外出售捐赠等手段处理多余食物等，对国内酒店行业有一定的借鉴意义。

通过精益化管理，提升顾客满意度。"精益管理"是一种先进的管理理念，通过去粗存精，把顾客真正需要的服务价值留下来，对一些设施和流程进行简化，从而实现降本增效。充分运用会员库、新媒体平台进行研究并满足顾客需求，创造到店惊喜，提高顾客对酒店的忠诚度；站在顾客视角审视服务流程中容易浪费时间的内容，去除繁琐无用的环节，形成优质的服务流程。在酒店网站上，提供简明的信息包括地图、产品、关联服务等，节省顾客的时间成本，增加顾客满意度。服务人员在对客服务中要做到热情周到，遇到工作失误和服务问题尽量解决，减少顾客的负面情绪和投诉。例如长春国信南山温泉酒店，被业内誉为"全国网评最高酒店"。开业仅一年即做到携程点评 4.9 分，顾客推荐率高达 100%。

三、寻求酒店核心竞争力提升

疫情没有击垮酒店人，反而倒逼很多企业提升自身的生存能力和竞争力。疫情带来了酒店业的寒冬，但同时也成为我国酒店业高质量发展的契机。在酒店行业，无论是单体酒店，还是品牌连锁，都需要通过品牌塑造、资本运作、新技术运用和管理能力提升，来夯实酒店本身的核心竞争力。

（一）注重品牌塑造

此次疫情能够扛住的企业，具备一个共同的特征，即轻资产运作，而实现轻资产运作最重要的一环就是做好品牌建设。品牌是酒店最重要的无形资产，决定着企业未来的成长与发展。酒店通过重视品牌塑造，制定独特的品牌形象，提供品牌承诺，提升酒店的核心竞争力。

蓄力酒店品牌建设，塑造多元品牌矩阵。英国品牌评估机构"品牌金融"（Brand Finance）发布 2022 年度"全球酒店品牌价值 50 强"榜单，排在前 50 的品牌有 4 个中国牌子：仅总部在中国香港的香格里拉名列第 7 位，锦江、汉庭和全季，分列 28 位、33 位和 40 位，但主打都是经济型。与国际酒店集团相比，我国酒店集团的品牌建设进程和品牌影响力仍需加强。据统计 2021 年新增品牌数量激增，共有 20 余个酒店集团推出 40 多个新品牌，超出 2019 年和 2020 年增速，品牌的快速发展与各酒店集团的多品牌战略密不可分。实施多品牌战略的底层原因在于大众消费崛起，个性化、圈层化的住宿消费需求被激发。因此进行品牌创新，需要抓住消费者的痛点、痒点、兴奋点，锁定不同细分客群市场，塑造多元的酒店品牌矩阵。例如雷迪森酒店集团围绕中高端客群的休闲、商务度假等需求，主要构建 13 个品牌矩阵。金陵文旅酒店管理公司，开启了多品牌战略，打造了金陵嘉珑、金陵文璟、金陵精选、金陵山水、金陵嘉辰五大子品牌。

打造本土酒店品牌，凸显民族文化软实力。喜达屋、万豪、希尔顿、香格里拉等国外顶级酒店品牌在输出资本的同时，也在输出自己的经验和模式，一边圈地收租，一边赚走中国业主的钱。而国内酒店业通过并购手段强势地进入国际市场，没有自己的品牌输出，只能单方面引进国际品牌。如今，在文化自信的时代，国潮、民族风十分火热，打造中华文化特色的酒店品牌显得尤为紧迫。而且大批的国资平台成为酒店业主，助力高星级酒店成长升级，经典民族酒店品牌价值有望凸显。如今，越来越多本土酒店品牌加速布局国内高端酒店市场，也为了疫后进军国际市场做好充分准备，例如开元酒店集团旗下两大国潮品牌"开元名庭""曼居酒店"，凭借唐风宋韵的文化魅力对新一代消费者展现强大的吸引力。国内知名度颇高的柏联、康藤、松赞、青普等本土小奢酒店品牌，也在稳步推进自己的商业版图。

迎来酒店翻牌浪潮，持续升级品牌价值。伴随着行业"寒冬"下资本的流转，酒店行业正在流行一波强劲的换牌浪潮。许多酒店业主将酒店换牌视作起死回生之术，希望通过换牌和进行软硬件的改造提升，使酒店以全新的面貌迎接市场挑战，从而提高酒店的品牌吸引力和资产价值。据统计，2021年有10多家酒店进行了换牌，其中部分酒店选择了国内高端酒店品牌，如无锡锦江大酒店换牌为无锡万达颐华酒店、北京人济万怡酒店换牌为北京金陵饭店、扬子江万丽大酒店换牌为上海扬子江丽笙精选酒店。2022年仍然有几家中高端酒店选择了换牌，想要借此提升酒店的运营水平和效益，如原上海虹桥英迪格酒店换牌为"龙湖霞菲公馆"、舟山三盛铂尔曼大酒店换牌为舟山君澜大饭店等。

（二）强化资本运作

从美团入股东呈，到开元私有化，再到碧桂园凤悦牵手美诺，疫情期间，资本市场对酒店业可谓是青睐有加，酒店业似乎迎来了新一轮曙光。疫情给行业发展带来巨大波动性，而资本的介入让酒店行业有机会突破当下经营困境，寻求上市、投资加码、重组并购等资本运作方式，都是为了酒店行业能够更好地在资本市场里发展。

投资加码：资本仍然青睐酒店市场。随着市场大环境的变化，酒店成为资本入局青睐的对象，其中精品酒店、中高端酒店一时间成了投资的香饽饽。OTA企业也纷纷入局酒店业资本市场，美团投资东呈酒店集团，就连同程艺龙也杀入酒店市场投资了艺龙酒店。进入2022年下半年，全国酒店投资市场火热，酒店品牌们先后开展多个投资加盟会，不少酒店投资人也在加速寻找新的机会。据不完全统计，2022

年以来，中国酒店市场新开业酒店和新签约酒店持续攀升，仅 6 月就新开业 81 家，新签约超过 100 家，为了抢夺疫后酒店市场，各大酒店品牌均在加速扩张。

兼并重组：资本助推形成酒店行业巨头。近年来，全球酒店集团上演了一幕幕重组并购大戏，全球酒店集团进入了投资并购的活跃期。重组往往是伴随着并购来的，不管是对酒店内部进行结构重组还是对外部组织进行并购重组，这种运作方式都能够为行业洗牌孵化出更大的行业巨头。锦江酒店就是一个很好的案例，酒店通过重组实现企业经营规模经济效益的同时，还能够对自身的存量资产进行高效的结构优化，重组之后的酒店排名也发生洗牌。如今，国内酒店在全球 50 强的排名不断增多，上榜的品牌也呈正增长趋势，国内酒店的头部集团开始形成。另外，从国际酒店市场层面来看，中国酒店集团的"出海"之旅也伴随着收并购的推进而逐渐布局全球。如锦江旗下收购的丽笙集团预计 2022 年在欧洲、中东、非洲和亚太地区签约 330 家酒店；华住旗下收购的德意志酒店，在 2022 年一季度净营收达 4.1 亿元，较去年同期增长 166%。

寻求上市：资本运作融资模式更加丰富。酒店上市无非是为了寻求更多的资金进行业务的扩张和拓展。美股、港股是酒店上市的主要选择，这不仅代表了酒店自身的实力，也能够通过股市平台圈到更多的资金流。在满是美股港股酒店的重围中，君庭酒店从分拆、挂牌新三板、转战 A 股，到成功上市，无疑为中端酒店带来了新的信号：中端酒店一样能够凭借资本运作来提升酒店发展空间，并且打破了头部酒店集团的垄断现象。除了上市和新三板等颇具难度的融资形式以外，还涌现了多种不同的融资渠道，如银行、互联网融资平台、OTA 金融服务平台、酒店集团推出的融资平台、金融机构推出的融资平台等。近年来呼声颇高的 REITs（不动产投资信托基金）也成为酒店融资关注的焦点，绿地集团计划在新加坡发行的酒旅 REITs 已经获批，预计将于 2022 年在新交所上市。

（三）加强新技术应用

酒店业正在尝试运用大数据、云计算、人工智能、元宇宙等新技术来增强核心竞争力，通过加强酒店智能化改造、发力数字化建设、借助元宇宙之风等，以科技手段降低人力成本、提高运营效率，探索面向未来的数字化转型之道。

加强酒店智能化改造，提升酒店营收水平。因新冠肺炎疫情，酒店行业入住率全面下跌，利润持续走低。在此背景下，智慧酒店的盈利优势愈加凸显，通过借助酒店服务场景智能化改造，让机器替代员工执行重复性的低价值工作，可大幅节省酒店人力成本。现在机器人服务已经开始渗透酒店各类服务场景，为客房送餐、餐厅送菜等提供了助力，自助 check-in（登记入住）/check-out（退房）、手机刷卡 / 人脸识别等也颇有作为。未来智能技术将在酒店的很多环节和场景上替代人力工作，从而释放出更多的空间承载其他功能和体验。例如携住科技，作为快住集团旗下为酒店提供全站式智慧升级的子品牌，首创强电客控技术，将刷脸、语音、人感、主动服务引擎等 AI 技术带到酒店行业，让 80% 的酒店都能轻松完成智能化改造，充分提升国民出行入住体验。

持续发力数字化建设，夯实酒店运营基础。随着酒店数字化转型步伐的加快，数字化正在重塑酒店行业的管理、运营和工作模式。酒店数字化不仅关乎效率高低，更关系到品牌持续竞争能力和抗风险能力。例如金陵饭店聚焦电商、直销和集采，以特色定制化产品推动线上销售，促进数字化平台功能向效益转化，上半年自建线上销售平台"尊享金陵"总销售额近 5000 万元，金陵贵宾会员客房预订直销比例不断提升，成员酒店集采平台上半年采购额突破 4800 万元。雷迪森酒店集团正在着力数字化转型，通过酒店数字化运营提高营业收入、改善营销策略、提高运营效率、改进产品服务、优化客户体验以及保持市场竞争力等。皇冠假日运用了时下数字化艺术领域最火的裸眼 3D 技术进行营销，还与知名国潮艺术家合作发行了三款数字藏品房卡，均为行业首例。西软与科大讯飞正通过数字化重塑酒店的服务标准和流程。施耐德电气的"云能效顾问""微网"可帮助酒店实现高效的能源数字化管理。

借助元宇宙酒店风潮，打造沉浸式交互体验。疫情封控常态化下，元宇宙酒店能更好地展现虚拟与现实的交互体验。短期内，元宇宙在酒店里的应用，主要体现在逼真的在线虚拟选房，务实的虚拟在线客房设计，真切的虚拟会议场所，以及主题鲜明的酒店虚拟形象的设计和营销。中长期方面，酒店可以通过定制化的元宇宙为客人提供更多的虚拟娱乐、社交、购物场景，打破空间限制，从而提升坪效、体验与收益。2022 年 6 月，远洲集团旗下高端连锁酒店品牌入驻 ADG（亚洲数字集团）投资、探针科技创建的分形者元宇宙平台，开发中国首家元宇宙虚拟酒店。近日，皇冠假日及度假村携手国内领先的互联网技术公司网易，将元宇宙当中的平行空间概念与酒店场景相结合，令宾客可以灵活切换商旅休闲模式，打造文旅体验出行全新方式。

（四）提升管理能力

管理是提升企业经营业绩的关键，酒店的可持续发展离不开科学的管理方法。通过加强绿色低碳管理、会员体系管理、平台系统管理、人员管理等，极大提升酒店的管理能力，全面整合酒店各类资源，合理压缩运营成本，提高员工的工作效率。

创新酒店绿色低碳管理。酒店实行绿色管理，既可以响应国家"双碳"政策、降低酒店运营成本、减少物料浪费，又契合消费者"节约、环保、安全、健康"的新型消费理念，还有助于提升酒店的服务品质和综合竞争力。酒店通过减少塑料制品的使用、做好垃圾分类、倡导绿色环保生活方式，以及围绕节能减排和制定绿色发展管理制度等内容，重点加强绿色酒店建设。酒店作为服务场景，还可以鼓励客人利用"碳积分"兑换咖啡、消费券及小礼品，增加绿色环保意识，增强与酒店的互动黏性。例如金陵连锁酒店开展节能降碳、绿色发展，2021年连锁酒店全年平均总能耗收入比合理值为9%，先进值为7%，均低于同行业11%的平均值。洲际酒店集团在9月宣布加入蚂蚁集团发起的"绿色能量行动"，面向大中华区的会员发出"绿色入住"倡议：入住时如果不使用酒店的一次性用品"四小件"，可获得92克蚂蚁森林"绿色能量"。

升级酒店会员体系管理。在流量为王的当下，会员体系是酒店集团的核心资产。近期，洲际、雅高、德胧、亚朵、锦江等酒店集团不约而同地升级了会员计划，事实上会员计划的变革正是为了解锁"流量变留量"的密码。其中雅高酒店集团升级后的会员计划设置了会员早餐专区和会员楼层，还配备了桌边服务、派送特定菜品、专属客房布置等相应服务。洲际酒店集团升级后的会员计划不仅增加了入门等级，还解决了之前"最高级别会员都无法保证享受免费双早和其他双人共享权益"的问题。亚朵新的会员计划，整合了用户有高频需求的生活方式类权益，涉及出行、阅读、运动、饮食、艺术等多个领域。德胧集团推出的新会员计划，只要在集团旗下的酒店和其他场所攒够时间值就可以兑换相应的分值，而且积分不会过期、会籍不会降级。锦江国际集团发布了"锦江会员生态体系"，围绕"统一的锦江会员线上入口""统一的锦江会员积分规则""统一的锦江会员管理系统"三大举措，全面提升会员体验。

完善酒店平台系统管理。一体化酒店管理系统是未来的发展趋势，不管是酒店集团还是单体酒店，便捷有效的酒店管理系统非常重要，可以减少很多的运营和人力成本。例如华住的"共享服务中心"在集团运作中对效率提升起到了巨大作用，700余家直营店的经营模式均依托集中化、远程的共享服务中心，由中心统一提供包含财务、IT、采购、供应链等一体化服务，大大降低了各类后勤人员成本，提高了经营毛利率。宏昆酒店集团全新开发的"门店通"管理系统将投入使用，门店运营将变得更为直观，信息获取、利用率将大幅提升。君亭酒店正式启动实施集团的数字化转型，完成集团下属酒店 PMS（酒店管理系统）的系统切换准备工作，提升管理便捷度。白天鹅酒店集团与快递 100、石基集团达成战略合作，加快智能升级，实现数据共享，加强酒店板块业务系统运行数字化、标准化、智能化。

加强酒店内部人力管理。酒店管理应该适应时代的发展，从以往的思维模式中解放，及时给员工提供培训机会，进一步提高员工的整体素质和凝聚力，实现服务管理最大化。酒店管理人员还要提高部门协作能力，定期召开部门座谈，了解部门间协作状况，将部门与部门之间遇到的工作困难进行有效的沟通和解决。酒店管理人员还需要加强团队凝聚力，开展培育默契度的团队活动，如外出素质拓展等，使各部门同事之间增进了解，从而能够积极应对工作上遇到的难题并有效解决。

第五章
关注"利润之上"的追求

Chapter 5

Focus on the Pursuit of "Beyond Profit"

党的二十大报告提出，要建设社会主义文化强国，发展面向现代化、面向世界、面向未来的、民族的科学的大众的社会主义文化。要坚持把社会效益放在首位、社会效益和经济效益相统一。旅游业既是产业，也是事业，具有双重属性。进入新时代，旅游业的事业属性相对以前需要强化。住宿业也同样如此，越来越多的住宿业企业开始关注"利润之上"的追求，意识到企业不仅能够创造产业绩效（收入和利润），能够带动就业、税收以及城市发展，更能够推动 ESG（环境、社会和公司治理）建设，以实现共同富裕。

一、利润之上的贡献

近二十年来我国住宿业营业收入持续增长，成为拉动消费需求增长的重要力量，不仅为企业自身创造了利润，也为地方的就业、税收等方面带来结构性贡献，有效推动着城市和乡村的高质量发展。

（一）就业贡献

随着近二十年来我国住宿业企业数量不断增加，吸纳了大量劳动力参与就业。住宿业涵盖了丰富的工作形式，并促进产业链升级，衍生出新的行业和岗位，为当地居民解决了就业问题，优化了社会人力资源结构。

21 世纪初，随着住宿单位的增加，住宿业吸纳就业人数不断增加，至 2011 年，我国限额以上住宿业从业人数达到 215.7 万人。此后到 2018 年，住宿业企业数量逐年缓慢增加，而住宿业从业人数已经开始逐年减少。同时期，伴随着星级饭店数量的下滑，星级饭店从业人员数量也在锐减。2012—2018 年，星级饭店数量减少 21.13%（囿于国家遏制公费消费的政策，以四、五星级酒店为主的全服务型酒店锐减），同时住宿业从业人员数年均流失 33.26%。一方面，随着经营效率提升、数字技术升级，住宿企业降低了对人工的依赖，不断减少员工的使用量；另一方面，为了节省人工成本，酒店大量使用实习生来代替正式员工。

2019 年，住宿业从业人数较 2018 年稍微增加 2.25%，但随后的疫情对住宿业产生冲击，随着酒店管理层专业人才的流失，星级饭店逐渐减少。2020 年住宿业从业人数再次锐减，同比下降 8.46%（图 8）。面对危机，酒店对从业人员的需求却更大了，其中以服务人员最为稀缺。而民众对于服务行业存在偏见，愿意从事酒店行业的人数依然在减少，住宿业从业人员供不应求的问题短期内都将十分严峻（图 9）。

图 8　2005—2020 年限额以上住宿业法人企业和从业人数

资料来源：《中国统计年鉴》

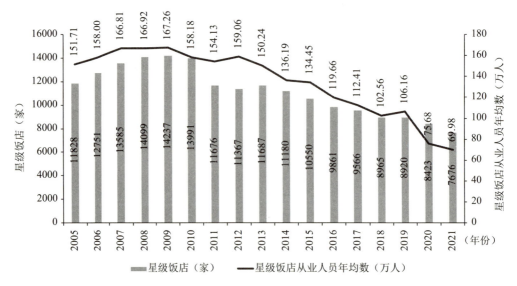

图 9　2005—2021 年星级饭店数量和从业人员年均数

资料来源：《全国星级饭店统计公报》

（二）税收贡献

住宿业的繁荣不仅拉动内需，吸纳大量劳动力就业，也为国家贡献了大额税收，促进财政收入，带动地区建设。我国历年住宿业税收总额变化受多方面因素影响。受全球金融危机影响，2009 年星级饭店利润总额亏损严重，2010 年迅速走出低谷，2010 年、2011 年两年间缴税数额也分别实现 36.24% 和 25.19% 的增幅。2016 年 5 月政府推行"营改增"政策后，全国饭店实现结构性减税，星级饭店税负整体呈现下降趋势，2016 年较上年同期实际缴纳营业税税负相比下降 34.42%（图 10）。

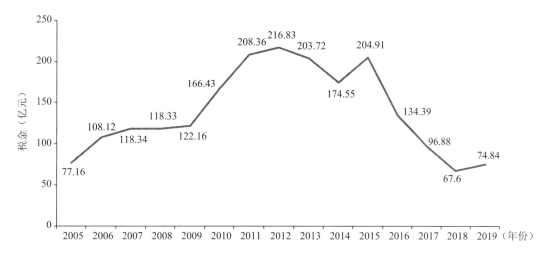

图 10　2005—2019 年星级饭店缴纳税金

资料来源：《全国星级饭店统计调查报告》

受疫情影响，住宿业营收、利润等各项经营指标或近腰斩，或跌入谷底。国家对企业颁布多项纾困政策，其中很重要的一方面是减免税收。2020 年之后星级饭店"实缴税金"无数据记录，而《中国统计年鉴》显示 2020 年限额以上住宿业缴纳税金 56.5 亿元。《中国统计年鉴》数据显示 2009—2019 年间全国限额以上住宿业税收浮动情况与星级饭店税收基本一致，也是在 2015 年之后住宿业税收锐减（图 11）。

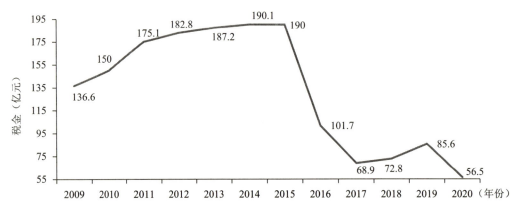

图 11　2009—2020 年限额以上住宿业缴纳税金

资料来源：《中国统计年鉴》

（三）增强文化自信自强

文化创意和 IP 是文化类主题酒店的核心支撑，文化也决定着本土品牌的可持续性。一个民族品牌的崛起靠的是经济硬实力的自信和文化软实力的自信。当前中国经济实力位居世界第二，拥有庞大的、挑剔的、潜力巨大的消费群体，一批大型城市群和湾区正在崛起，"一带一路"布局基本成型，集体认同和文化自信日趋强烈，已经具备培育世界知名酒店品牌的土壤。以文化自信促进品牌自信、自强，是一条必经之路。

文化因素对住宿业的重要性越来越显化，文化能有效提升住宿产品的附加值，丰富消费者体验。英国人类学家拉德克利夫·布朗认为，文化是人在相互交往中获得知识、技能、体验、观念、信仰和情操的过程。从社会结构和功能角度看，酒店不仅是建筑实体和住宿空间，也是承载企业价值观的"文化产品"和"文化空间"。酒店通过经营，将企业文化同当地民众习得的思想、感觉和活动的方式进行融合互渗，从而实现酒店在当地社会的文化认同。

松赞酒店是国内文化主题酒店的典范，创始人白玛多吉解构酒店名字的意义为：用建造酒店这种入世行为，践行并传播世间的真善美。这种愿景也在集团 logo 中得以体现，莲花作为（汉传、藏传）佛教的重要象征物，蕊心部分线条化用佛教常用的吉祥结饰，绳结的环环相叠，寓意世间的美好事物如佛法般回循贯彻。从 2001年第一家松赞绿谷开始，松赞酒店就以探寻内心的文化理想为主旨。松赞在香格里拉、塔城、梅里、拉萨、丽江等地区进行选址,便于用酒店串联起深度文化旅游产品,为游客提供高端配套服务体验,使滇藏地区丰沛的自然资源和文化传统更深地植根于游客心中。在酒店实体的规划与呈现方面,松赞拉萨、松赞香格里拉等多家酒店聘请当地匠人进行藏式建筑营造,还原传统藏区室内装潢,一方面带动当地掌握传统技艺的匠人就业,培育出新的技艺传承者,更将浓郁的在地植入游客"旅途中的家",帮助游客寻找并搭建天堂之境与理想国。松赞丽江林卡则采用徽派建筑和唐风建筑,与丽江本地建筑风格相融。

要做好酒店品牌,需要秉持"四心",即初心、匠心、信心和恒心,核心还是文化。住宿企业的初心是为客人提供美好的住宿体验,其他各种功能都是衍生品。实现初心必要用匠心,这需要崇尚服务的文化、质量至上的文化。还需要有信心,这既需要文化自信,也要品牌自强,还需要媒体更多正面看待本土品牌。一批企业正致力于打造中国文化特色的住宿品牌,如东呈酒店以东方文化作为品牌基石,书香酒店将书香文化融入各品牌,花间堂致力于做中国文化的推手,让世界透过花间堂看到中国文化之美。最后还需要企业持之以恒坚守初心,培育匠心,有信心才会有恒心打造出经得起市场检验、更久流传的品牌。

中国酒店住宿业的发展,既要具备国际水准的专业化运营管理,也要凸显具有中国文化内涵的中国服务。酒店人心中始终抹不去的情怀,就是希望能形成酒店业的"中国服务",借此区别于甚至超越国际酒店集团。酒店业的"中国服务",是将中国传统与当代的文化形态、哲学观念甚至宗教思想投射于服务理念而形成具有中国特色的服务体系,这是能区别于国际酒店集团的核心竞争力。越来越多的酒店在充分展现文化和审美的同时,更注重顾客的身体体验和自身的服务品质,令顾客在家居般的住宿体验和艺术馆般的"精神扩容",真正"居旅合一"。

二、ESG战略:为酒店的长期发展赋能

虽然营收、利润等方面绩效备受疫情影响,多数酒店企业依然坚持ESG建设。ESG建设是在财务数据之外衡量企业价值的重要因素,是判断企业可持续经营能力的关键指标。在企业的ESG评价体系中,一家企业的价值塑造,需要同所处的经

济、社会、自然环境产生良性互动。ESG 理念鼓励企业把自身商业行为对环境、社会造成的外部社会性成本内部化，由企业经营主体更直接地承担社会责任。企业的社会责任大致集中在保护环境、保护职工健康、反腐败等方面，企业"以生产力为本"的企业价值目标，逐渐向"以人为本"的企业文化让渡。

企业经营者将企业价值观浓缩成文化表达和管理制度，使员工感受到所从事的工作的价值和使命感，而他们的观念和行为也将通过宣传、社会交往等渠道，广泛辐射社会。

（一）环境保护

全球范围内能源及产业发展低碳化趋势已经形成。党中央提出"2030 年前实现碳达峰及 2060 年前实现碳中和"重大战略，以推动广泛而深刻的经济社会系统性变革和生态文明建设。

生态和环保理念将成为酒店品牌建设的下一个目标。近二十年来，酒店业在节能减排和"碳中和"的实践之路上，做出诸多有益探索。酒店企业纷纷"腾笼换鸟"，对建筑实体进行改造优化，并更新通风、采暖、热水供应等能源设备以节能减排。这些投入，既维护了环保公益，也节约了成本，符合酒店长期经济效益的需要。

"人"是希尔顿最宝贵的资产，也是企业 ESG 计划的核心。希尔顿于 2009 年推出 ESG 测量和管理平台 Lightstay，跟踪酒店的环境（如能源和水的消耗，监测碳和废物的产生）和社会表现，评估目标的实现进度，并为当地合作伙伴提供性能基准测试。希尔顿向瑞士碳咨询机构 South Pole[1] 购买碳信用额，以抵消企业不可避免的碳排放；通过向印度 Mytrah 能源公司[2] 提供可再生电力应对气候变化，该项目使周围的村庄受益，提供就业机会，并增加获得教育和清洁水的机会；在卢旺达启动安全用水项目，为当地社区提供清洁水，减少二氧化碳排放；通过 ISO 14001（环境管理体系）和 ISO 9000（质量标准体系）认证，向利益相关方和消费者承诺社会责任，提高能源效率；在可持续发展会计准则委员会基金会（SASB）和气候相关

---

[1] 瑞士碳咨询机构 South Pole Carbon Asset Management Co. Ltd(南极碳资产管理有限公司) 成立于 2006 年瑞士，总部位于苏黎世。

[2] 印度可再生能源电力生产商 Mytrah Energy(India)Private Limited.

财务披露工作组（TCFD）的指导下，依次评估生物多样性风险和暴露于物理气候的风险，以保护所经营的社区生态环境。希尔顿将所有酒店位置与世界保护区数据库（WDPA）和国际保护联盟自然濒危物种红色名录和 Verisk-Maplecroft（英国风险咨询公司）气候变化脆弱性指数（CCVI）一一对应，并与世界野生动物基金会（WWF）合作，预判关键目的地可能会遇到的社会和环境压力，并优先应对。

香格里拉酒店的所有物业均有完善的环境管理体系，通过减少一次性塑料、循环用水、二氧化碳感应器、变速驱动器、热力回收、智能能源气候系统、暖通空调技术等手段减少未来对环境的影响。2021 年，境内 21 家酒店按照当地生活垃圾的管理规定停止一次性客用浴室用品。2021 年，酒店首次将投资物业纳入大环境绩效数据评价的范围。目前香格里拉已经在全球种植逾 41000 株红树林树苗。

锦江酒店集团向上海区域各家酒店下发垃圾分类实施方案并对全体员工开展多种形式的宣传教育，普及全体员工垃圾分类知识，并提前完成了各酒店内所有垃圾桶的分类标识粘贴工作。通过建立健全管理制度、服务流程、奖惩机制，强化员工培训，将制止餐饮浪费、倡导文明就餐作为酒店常态化工作标准，纳入餐饮采购、加工、服务、管理全部流程程。锦江酒店 ZMAX 品牌秉持"源于自然，点亮生命"的初衷，发起"元点计划"。"元点计划"利用资源整合、通过循环经济的生态环保理念，回收酒店客房中客人使用过未带走的牙刷梳子等一次性易耗品，消毒再造，制作成笔盒文具幼儿桌椅等捐助给有需要的"小元点"，进行环保助学。

金陵饭店与优质供应商合作，从源头引进高品质食材，设立有机食材基地，打造了从餐桌到田间可溯源的生态餐饮供应链。在江苏省酒店业率先停售鱼翅食品的措施，得到国际环保组织和社会各界的高度评价积极响应"长江十年禁捕"的要求，把好食材采购源头关，在餐厅菜单中杜绝江鲜类产品。利用信息化、智能化手段落实节能减排目标。通过采用智能空调、变频水泵、新型喷淋等节能减排技改措施，每年节电近 500 万度，节约用水 14 万吨，节约用气 64 万立方米。通过公司内部 OA 系统进行电子化、无纸化办公，节约各类纸张约 2 万张 / 年。

君亭酒店以"居住功能 + 艺术 + 服务"为经营模型，通过员工和顾客两条渠道渗透文化价值，用艺术感的居住空间影响人对生活的认知和体验。2021 年君亭酒店发布 ESG 报告，更加突出差异化竞争和个性化升级，达成酒店文化输出，促进社区共建，如采用低成本材料实现原创性建筑和装潢设计；注重高质量服务和顾客体验；博物馆式艺术空间和家庭式居住空间和谐相融等。

济南铂尔酒店通过实施"绿手帕"计划减少纸巾污染和浪费，用手帕代替客人住宿、用餐纸巾，并倡导员工在工作、生活中践行"绿手帕"理念，4~6 块手帕代替长期使用的纸巾，每个家庭一个月节省约 10 元的纸巾消费。酒店提供的绿手帕用完可随身携带，平均每块可以洗晒 20 次以上而不消减使用感。手帕上印刷的酒店 logo 对酒店品牌和口碑无形中形成另一种宣传营销。从企业作为集体的"使用制度"，到个体的生活习惯，酒店完成了企业绿色环保观念的跨人际渗透。

（二）社会责任

企业通过公共关系和社会公益事业，宣扬自己的品质和价值观。ESG 的社会议题通过员工权益保护、利益相关者权益、产品质量与安全、社区贡献、公益活动等方面来实现。

很多酒店企业面对新冠疫情这类社会性突发事件，不忘坚守社会责任，同当地政府合力抗疫，彰显企业的价值光辉，也令大众重新审视这些"一直在身边"的企业，产生体验和消费的意愿，某种程度上为企业带来新机遇。

2020—2021 年，各大酒店均提供给政府用于境内防疫定点隔离、境外防输入隔离及一线防疫工作人员免费住宿。2021 年河南洪灾期间，锦江全球采购平台（GPP）协同锦江酒店（中国区）快速响应，紧急驰援，出台系列应急政策为住客提供便利服务、保障住客及酒店一线员工人身安全的同时，落实好受灾地区酒店大后方的物资保供及服务保障工作。GPP[①] 联合平台众多供应商启动救灾物资及善款捐赠，紧急筹措大批受困民众急需的防疫物资。君亭旗下多家酒店配合属地作为防控隔离酒店，酒店职工也投入到属地社区防疫志愿者服务中去。

香格里拉自 2009 年推出"人文关怀"项目，为儿童、青年提供教育机会、健康服务、技能培训等，促进当地社区的健康和教育。在新冠肺炎疫情限制下，很多

---

① 上海锦江联采供应链有限公司（包括其下属公司）以下又称锦江全球采购平台或 GPP（Global Purchasing Platform），由锦江在线、锦江酒店、红星美凯龙等共同投资成立，注册资金 30000 万元人民币，是锦江国际集团旗下重要创新平台之一。平台整合 2000 余家供应商，为酒店业主、供应商、酒店客户以及酒店品牌公司等相关利益方提供供应链平台服务。

社区老人无法与家人见面。2020 年 11 月，香格里拉在境内开展"以爱为家"项目，关爱社区独居老人，为其提供生活服务，改善他们的生活条件，与他们建立长期联系。

金陵饭店开展各项扶贫工作，深化城乡结对、文明共建，积极帮扶连云港市灌南县新集镇季圩村建设优质水稻种植基地，协助推广绿色生态大米，并修缮村民服务中心，援建文化活动广场等设施。

2021 年，华天酒店贯彻乡村振兴精神，通过向湘阴等贫困地方采购扶贫物资等方式，发挥地方国资控股上市公司的责任担当，积极履行社会责任。

（三）公司治理

ESG 的公司治理议题在组织架构、风险管理与内部控制、公司员工权益、利益相关方权益、产品质量与安全等方面体现。公司治理机制是现代企业发展进步的内生动力。国企混改本质上是新时代企业治理问题。近年来酒店领域的混合所有制改革也屡见不鲜，例如深赛格控股全资子公司赛格宝华的全资子公司橙果酒店进行的混合所有制改革，以增资扩股方式引入 3 名战略投资者，同时实施管理层和核心骨干持股，设立员工持股平台公司；梁山水泊宾馆通过增资扩股引进"战投"实施混改；金陵饭店饭店集团利用上市公司平台推动混改，湖北清能投资发展集团旗下酒店与东呈国际集团实施混改，以及济南舜耕山庄与开元酒店正在探讨成立合资公司的混改模式。国企的核心问题不是管理问题，而是治理问题，也就是所有制以及与所有制相关的价值分配原则问题。国企混改就是要进行原有治理机制的创造性破坏，建立一种"新所有制"和"新分配原则"。混改的主要目标是改变以往对国企的行政化治理，实现经济化治理，赋予国有企业新的发展活力。国企混改的终极目的是使企业高质量成长，这是检验国企混改是否成功的核心指标之一。[①] 希望通过混改能推进酒店集团和单体酒店的高质量发展。

住宿企业通过 ESG 管理，实现为自身的绵延存续储能，是企业长期发展目标的重要一环。现代化企业践行 ESG 看上去增加了成本，随着越来越多的企业投入 ESG

---

① 杨杜. 国企混改本质上是新时代企业治理问题［N］. 新华网，2020-8-31.

战略，以及 ESG 产业链的升级，这一部分成本最终将被市场吸收，被认同这项统一价值观的广大受众合力承担，市场竞争环境也将得到全面优化，企业的社会口碑和文化价值将逐步提升。

三、乡村民宿是促进共同富裕的重要载体

旅游业是国民经济发展的重要产业，作为市场主体的酒店集团及企业也成为帮助贫困地区人民脱贫致富的重要力量。随着履行环境和社会责任成为酒店企业的共识，以及人类命运共同体的观念深入人心，酒店企业在解决社会收入分配、公共保障、人居环境和文化生活等各方面的努力，都在加速共同富裕这个宏大愿景的实现。企业带动地域经济发展的同时，也受到在地文化观念的哺养，以更强的生命力和创造力实现价值和利益增长。

2022 年 8 月，文化和旅游部等 10 部门印发《关于促进乡村民宿高质量发展的指导意见》，为乡村民宿部署升级规划，也给行业发展注入新的动力。

（一）酒店集团积极参与乡村民宿开发

高品质、多元化的民宿具有民俗民风的传承与保护功能，符合大众旅游消费升级的大方向，有望成为大众深度旅游的重要载体。百达屋集团和开元酒店集团结合乡村生态和人文，在建德打造融康养休闲、养老度假、农副产品孵化器等为一体的高端度假目的地——富春芳草地。通过农村生产力变革、互联网＋和品牌溢价，提高乡村经济的产值和收入，140 多位本地居民在家门口获得了稳定的工作机会。

开元集团从建筑和生态保护两方面对会稽山下的大禹村乡村文旅项目进行规划，研究村落传统的故事逻辑和文化体系，在乡村营造更多更新的美学空间，大禹·开元·观堂成为新的旅游目的地，带动大禹村每年营收逾 7000 万元。而这朵民宿的涟漪漫延到整个会稽山地区，形成旅游度假聚集地。

乡村民宿巨大的产业发展空间，吸引了诸多国内实力型企业提供装备制造等支持。湖南长沙远大住工以乡村工业化住宅高端产品"远大美宅"、模块化空间产品"BOX Modul"为抓手，研发自有知识产权的装配式建筑，从建筑建造到场景营造，

更好地服务于民宿酒店文旅优化建设以及乡村建设配套产业。

2021 年 4 月，旅悦集团与小云助贫中心共同打造西双版纳"花筑·河边瑶族妈妈的客房"民宿，通过差异化定位和个性化产品包装，将"云南大象""丛林徒步"作为流量关键词，拓展不同的民宿应用场景，为消费者提供高品质旅游产品。同时启动"花开乡筑"乡村振兴行动，在全国多地建设高品质民宿集群，带动当地相关产业链发展，提升本地居民的生活水平。目前，旅悦集团已先后在云南勐腊、江苏盐城、江苏溧阳、江苏宜兴、北京大兴等地推进战略合作。

（二）乡村民宿加速人才和资源的城乡流通

作为依托于乡村的住宿体验形式，乡村民宿能有效推动"逆城镇化"，将城市生产要素带到乡村，带动乡村新业态发展，提高劳动力本地化就业，并催化周边经济。吸引城镇居民和原住民来到乡村工作或旅游，激活乡村的空间价值和生活传统。

携程度假农庄本地员工占比近 60%。丽呈集团作为携程集团旗下高端酒店运营品牌，承担"携程度假农庄"的后续运营管理工作，格外重视对当地人才的聘用和培养，高端酒店系统、技术、营销管理等职位优先录用当地居民，尤其是相对困难家庭成员，同时吸引了本地优秀人才回流。

浙江温州洞头盘活闲置农房，实行民宿激励政策，吸引民资注入产业。全区共有民宿 539 家、床位 5653 张，拥有省级银级民宿 8 家、市级示范性精品民宿 7 家、市级示范性民宿集聚村 6 个。2020 年洞头民宿集聚区入选浙江省首批民宿助力乡村振兴改革试点。2021 年农村居民人均可支配收入同比增长 11.5%、排名全市第二，城乡收入比缩小至 1.58∶1，带动本地居民就业。

（三）乡村民宿促进在地文化产业化

2016 年，四川省理县通化乡西山村浮云牧场酒店开业，独特生态环境和资源配合高奢的酒店配置，迅速吸引大量游客。山里的山野货销售比往年增加了数十万斤，村民自发建立了电商平台面向全国销售，并效仿浮云牧场酒店，将自家的房子改建民宿，整个西山村由一间文创酒店带动，实现造血式的产业扶贫，也使乡村文明在城乡间自由游走，激活城乡文化交融共振。

乡村民宿依靠独特的在地文化和生活方式获得游客青睐，更需要从传统民宿的经营理念中脱离出来，赋能产业转型，获得更有效的竞争力。浙江省以"茶乡民宿"产业发展作为乡村振兴突破口，将在地文化资源同茶产业结合，通过营造茶文化空间和茶事场景，为游客提供独特的生活方式的体验，提升民宿文化感。例如龙坞茶镇、龙坞茶上城埭村，民宿作为茶旅游景观的一部分，与旅游目的地的核心吸引物合作套嵌营销。至 2018 年，浙江省建成农家乐休闲旅游特色村（民宿集聚村）1162 个，直接从业人员 16.9 万人，带动就业超过 100 万人。部分民宿经营者每户年总收入 10 万元左右，多则数十万元。农民在投入少量资金的前提下，通过家庭经营模式实现稳定的营收，将民宿资金再投入基础建设和服务质量提升，使行业不断良性循环。

（四）民宿集群化推动民宿业主参与乡村治理

村民是村庄整体经济效益发展的最终受益人，村庄经济收入的增加带动当地居民分红上涨；游客在村民参与经营的民宿、农家乐等旅游项目的消费，也为村民提供了新的收入来源；进一步激励村民主人翁意识和共建家园的积极性，利用自有资源参与建设或优化民宿、农家乐、古建筑改造等旅游项目，推动民宿业主参与乡村治理。福建武夷山南源岭村依托景区优势，旅游服务业、生态农业等"美丽经济"同步发展，实现民宿集群化发展，优化人居环境，促进当地人就业，并入选第二批"全国乡村旅游重点村"，并获得"福建省金牌旅游村"称号。为了保障经济与自然和谐发展，南源岭村成立民宿协会，将美丽乡村保洁、环境卫生整治、生态环境保护等内容纳入《南源岭村村规民约》，健全自治、法治、德治相结合的乡村治理体系。2019 年全村接待游客人数 24 万人次，实现旅游产业收入 3400 万元。截至 2022 年，南岭村已有民宿 176 家，客房 2200 多间，是武夷山市民宿产业的主阵地。

在疫情冲击下，单体民宿面临空间和运营的限制，打造民宿集群可以改善民宿配套和公共供给的不完善，而内部管理和运营推广促进民宿客户运营精细化、品牌化和集群化发展。上海崇明区建设镇虹桥村的"顾伯伯"民宿群，目前共拥有客房 192 间、床位 307 张、餐位 530 个，每年接待游客人数近 10 万人次，实现了民宿集群化。民宿带动了新的经济增长点，农旅商结合下，崇明糕 DIY 制作工坊年销售额达 140 万元，"顾伯伯"自酿米酒年销售额达 80 万元，餐饮年销售额达 400 万元，超过了民宿群住宿收入额。村民协商建立"按股＋按户"的利益分配机制，2021 年合作社实现分红 36 万元，其中 70% 按股份占比发放，30% 按户数平均分配，兼顾效率优先与利益共享，有效提高了合作社占股较少村民的收入和积极性。十年来，民宿群"抱团"闯市场，37 户村民个个当上了老板，村民户均增收约 15 万元。

　　疫情已经持续三年，旅游业和住宿业依然是未来社会发展的重要产业动力，并影响着物质生活的优化乃至民族精神的升华。酒店企业对利润之上的价值观的坚守，正是站在更长远的立场，出于自身、产业和民生进行的考量和抉择。对环境、社会的促进和优化，成为企业的一项社会责任，同时也为企业的声望和市场提供加持。

第六章
充分发挥资本市场的价值

Chapter 6

Give Full Play to the Value of the Capital Market

酒店集团要进一步发展壮大和高质量发展，资本市场的助力是至关重要的，甚至是必不可少的。当前我国住宿业在资本市场上的证券化率偏低，创新动能不足和盈利能力不强导致的成长性不够是主要原因。这就需要酒店集团科学设计上市路径、加强合规建设、增强盈利能力、不断创新求变。同时，根据新时代对企业的更高要求，从"利润至上"转向对"利润之上"的追求。

一、我国住宿企业在资本市场上的证券化率偏低

（一）我国酒店集团发展亟须资本市场支持

如果说最好的品牌传播途径是服务，那么最好的品牌传播捷径就是 IPO！

劳动力、资源、技术、数据、资本都是企业发展不可或缺的生产要素。特别是资本仍然占据重要位置。一个成功的经济活动所必需的无数其他要素，都需要有资本支持才能获得。酒店集团单靠内生性增长，速度缓慢；而要想通过并购来实现快速扩张，必须拥有充足的、低廉的资金；上市融资就是获取低成本资金的最佳途径。世界一流的酒店集团都是上市公司。锦江、华住、首旅酒店进入世界前十，也离不开资本市场的支持。

虽然住宿业发展因疫情冲击而步履蹒跚，但绝不会止步不前。未来的酒店投资方向一是优化巨量存量资产，另一方面就是继续投入形成增量资产，开发建设契合消费需求的新兴住宿业态。而这些都需要资金和资本的投入。我们要善于利用资本市场的价值来为住宿业发展服务，特别是要注重 IPO 的价值。上市公司平台的价值不仅在于低成本融资和资本运作，还可以帮助公司建立现代企业制度，提升企业运营管理水平，实现低成本的品牌推广，提升企业形象，推动资源的优化配置，为行业发展创新提供强大的活力和动力。我国旅游业、酒店和住宿业要建立现代产业体系，也离不开资本市场的助力。

当然，并非说上市了的住宿企业就一定发展得好。也并非所有酒店集团都要寻求规模扩张与资本青睐，走上市这条路。酒店也可以专注于细分市场和品牌打造，获得消费者的认同和认可，做小而美的公司。但上市几乎是酒店集团发展壮大的必

要条件。酒店走上资本化道路，背后常常有着强大的推动力。一是要给投资人以交代，因为资本需要退出。二是规模化的追求，对于大多数酒店而言，必须追求规模化的扩张，以扩大影响和降低成本，从而提升盈利能力和资产收益率。此外，小体量的公司抗风险能力弱，时刻面临着生存危机或被收编的危险。

（二）我国酒店集团资本化现状

我国上市的酒店企业数量较少，第一批以国有企业为主，如锦江酒店（原新亚股份）、首旅酒店（原首旅股份）、金陵饭店、东方宾馆（重组后已更名为岭南控股）、华天酒店、大东海等。其中，锦江酒店和首旅酒店已经成长为规模位列世界前十的公司。东方宾馆经重组已更名为岭南控股。华天酒店经过几年追风口、受挫的历程后，正在回归主业。而大东海 A 已经成为壳股多年，在 2022 年 4 月正式退市。第二批是民营经济型酒店集团到境外上市，如 7 天酒店、华住酒店、如家酒店。其中，华住酒店已成长为规模位列世界前十的公司，且 2021 年登陆港交所，成功实现二次上市。7 天酒店和如家酒店私有化退市后，分别合并到了锦江酒店和首旅酒店。第三批是在香港以不动产投资信托基金（REITs）上市的开元酒店和以商业信托（BT）模式上市的金茂酒店。2013 年，开元酒店打包 5 家盈利状况较好的自持酒店，以房地产投资信托基金方式上市，但效果不甚理想，原计划发行规模总集资额大幅缩水。2014 年，金茂酒店借此次上市获得融资，盘活酒店资产。在 2020 年 10 月 5 日金茂酒店正式撤回了在联交所的上市地位。第四批是 2018 年格林酒店在纳斯达克上市、复星旅文在香港上市、2019 年开元酒店管理公司在香港上市、2021 年君亭酒店在 A 股上市以及 2022 年 11 月份在美国纳斯达克上市的亚朵生活（表 4）。但开元酒店两年后就私有化退市了。其他还有一些酒店资产散布在其他类型的上市公司中，如号百控股（现已更名为新国脉）的尊茂酒店集团、云南旅游的世博酒店集团、岭南控股旗下的多家酒店资产等。

表 4 中国本土酒店集团上市情况（2021 年度）

酒店类	市值^①	营收（亿元）	增速（%）	净利润（亿元）	增速（%）	员工人数（人）	净利润率（%）	净资产收益率（%）	上市日期
锦江酒店	567.1 亿元人民币	113.4	14.56	1.006	−8.7	33162	2.64	0.65	1996-10-11
华住集团	117.9 亿美元	127.87	25.41	−4.8	78.22	24384	−3.75	−1	2010-03-26
首旅酒店	251.6 亿元人民币	61.53	16.49	0.5568	111.23	13448	0.16	0.67	2000-06-01
金陵饭店	37.17 亿元人民币	13.74	20.5	0.28	−35.39	1536	5.88	1.82	2007-04-06
华天酒店	52.98 亿元人民币	5.94	15.28	0.75	115	3845	1.19	4.07	1996-08-08
格林酒店	2.83 亿美元	8.99	40.37	1.79	8.51	2565	19.95	4	2018-03-27
复星旅游文化	105 亿港币	92.61	31.18	−23.96	7.06	16732	−30.2	−67.52	2018-12-14
君亭酒店	84.64 亿元人民币	2.775	8.39	0.369	5.28	629	12.29	11.32	2021-09-30
万达酒店发展	8.92 亿港币	7.138	29.41	1.965	41.40	624	29.61	10.12	2002-06-04
亚朵生活	17.41 亿美元	21.48	37.09	1.397	269.28	3145	6.50	95.10	2022-11-11

资料来源：根据上市公司年报整理。

（三）与美国比证券化率较低

从全球看，居于世界前列的国际酒店集团大多实现了上市，部分中小型酒店集团甚至单体酒店也有上市。美国的万豪系和希尔顿系分别有酒店运营管理、酒店资产管理和分时度假三个上市平台。和美国相比，我国住宿类上市公司市值太小，上市公司类型也较为单一。根据不完全统计，包括酒店管理公司、度假村开发、酒店 REITs、分时度假和住宿共享平台在内的美国住宿类上市公司 30 多家，公司类型多元，2022 年 11 月 14 日的市值高达 2950 亿美元。中国 10 家住宿类上市公司市值约为 2068.7 亿元人民币（293.8 亿美元），不足美国主要住宿类上市公司的 1/14。这显然与我国的经济地位以及旅游产业和住宿业地位是不相匹配的（表 5）。

---

① 上市公司市值为 2022 年 11 月 14 日数据。

表 5　部分美国酒店集团上市情况（2021 年度）

美国酒店类上市公司	市值①（亿美元）	所属行业	2021 年营收（亿美元）	增速（%）	净利润（亿美元）	增速（%）	员工人数（人）	净利润率（%）	净资产收益率（%）	上市日期
万豪国际	505.01	世界十大酒店集团之一	138.57	31.09	10.99	511.61	120000	7.93	4	2013-10-21
希尔顿酒店	375.3	世界十大酒店集团之一	57.88	34.39	4.07	156.53	142000	7.03	3	2013-12-12
凯悦酒店	98.26	世界十大酒店集团之一	30.28	46.56	-2.22%	68.42	164000	-7.33	-2	2009-11-05
温德姆酒店及度假酒店	63.92	全球最大的酒店特许经营商	15.65	20.38	2.44	284.85	8000	15.59	6	2018-06-01
爱彼迎	675.5	共享经济始祖，短租平台	59.92	77.37	-3.52	92.32	6132	-5.88	-3	2020-10-10
豪斯特酒店	129.3	REITs	28.9	78.4	-0.11	—	160	—	—	2020-11-06
万豪度假环球	54.88	分时度假	38.9	34.79	0.53	120.7	18000	1.36	1	2011-11-08
Hilton Grand Vocations	49.43	分时度假	23.35	161.19	1.76	187.56	13000	7.54	2	2017-01-04
Park Hotels & Resorts	27.72	主营酒店、度假村和豪华游轮业务	13.62	59.86	-4.52	68.7	80	-33.19	-5%	2017-01-04
精选国际酒店	64.23	世界十大酒店集团之一	10.69	38.14	2.89	283.3	1500	27.02	15	1996-10-18

① 上市公司市值为 2022 年 11 月 14 日数据。

80

第六章 充分发挥资本市场的价值
Chapter 6 Give Full Play to the Value of the Capital Market

续表

美国酒店类上市公司	市值（亿美元）	所属行业	2021年营收（亿美元）	增速（%）	净利润（亿美元）	增速（%）	员工人数（人）	净利润率（%）	净资产收益率（%）	上市日期
Travel+Leisure	32.02	全球最大上市分时度假有限公司	31.34	45.09	3.08	220.78	16800	9.83	5	2006-07-19
美高梅 MGM	1141.9	酒店、餐馆与休闲	96.8	87.52	12.08	191.55	42000	12.48	3	1988-12-13
永利度假村	88.46	国际性酒店娱乐公司	37.64	79.58	-10.12	56.51	26950	-26.89	-8	2002-10-25
MGM Growth	66.23	酒店及度假村 REITs	7.821	-1.33	3.592	24.01	3	45.93	7.09	2016-04-20
金沙集团	328.6	领先的综合度假村开发商	42.34	44.01	-12.76	40.46	44500	-30.14	-6	2004-12-15
Vail Resorts	94.98	休闲度假中心	19.10	-2.75	1.24	14.12	6100	6.52	2	1997-02-04
莱曼酒店地产	48.58	度假村 REITs	9.394	79.11	-1.948	57.73	561	-20.74	-193.33	1991-10-24
Pebblebrook Hotel Trust	21.23	酒店 REITs	—	—	—	—	56	—	—	2009-12-09
森雅酒店及度假村	17.12	酒店 REITs	6.162	66.64	-1.466	12.15	34	-23.78	-9.62	2015-02-04
Apple Hospitality	37.04	酒店 REITs	9.339	55.16	0.1883	110.87	63	2.02	0.61	2015-05-18
太阳石酒店投资	22.32	酒店 REITs	—	—	—	—	42	—	—	2004-06-28

资料来源：根据上市公司年报整理。

二、住宿企业上市限制性因素

（一）创新能力不足

住宿业被列入上市负面清单，创新能力需要正名。2020 年 6 月，深交所发布《创业板企业发行上市申报及推荐暂行规定》，明确支持和鼓励符合创业板定位的创新创业企业在创业板上市。创业板要围绕"三创四新"深入贯彻创新驱动发展战略，适应发展更多依靠创新、创造、创意的大趋势，主要服务成长型创新创业企业，并支持传统产业与新技术、新产业、新业态、新模式深度融合。创业板颇具创造性地设置了行业负面清单，列出了 12 个原则上不支持申报的行业。该规定第四条明确，住宿和餐饮业属于原则上不支持其申报在创业板发行上市。但又提出，为了更好的支持、引导、促进传统行业转型升级，与互联网、大数据、云计算、自动化、人工智能、新能源等新技术、新产业、新业态、新模式深度融合的创新创业企业除外。

住宿业被列入创业板负面清单，传递的信号是住宿业属于传统服务业，其创新性、成长性不够。但其实这是在用老眼光看待住宿业，特别是住宿企业。随着科技的快速进步，数字技术、大健康技术、绿色环保技术、新能源技术、新型建筑技术等先进技术已率先大量应用于酒店和住宿企业。酒店和酒店集团正在向数字化转型，酒店的智能化管理水平高于大多数服务性企业，正成为服务业数字经济的代表。一些新商业模式、新业态、新产品也是层出不穷，例如智能化酒店、文化主题酒店、零碳酒店、度假租赁和短租共享经济平台等，都是都在引领数字化转型、文旅融合、碳中和、共享经济等新的发展趋势。君亭酒店最终能够为创业板所接纳，应该是看到了酒店和住宿业这一发展趋势。

（二）盈利能力不强

对于国内酒店集团难以上市，在和连锁酒店创始人座谈中他们提到原罪一说，大意是：早期酒店在经营时缺乏规范性，例如部分员工五险一金未按规定缴纳，餐饮等物资采购、酒店装修等因和小微企业打交道而未开发票，酒店为节省成本而过多招收实习生员工等临时人员，存在股权代持等问题。这些操作导致一些酒店要上市，必须规范企业运营，采取补缴税款措施，甚至面临罚款，还要调整人力资源政策等。解决方案是轻重资产分离，也即将酒店物业资产与酒店运营管理分开，这样问题留在重资产端，以轻资产模式上市。对于本来就是采取轻资产运营模式的连锁酒店来说，需要解决好规范运营、公司治理以及财务指标等问题。

要在国内证券市场上市，对财务指标和股权架构都有严格的强制性规定和要求。除了有盈利要求，而且不得同股不同权，所以很多国内的连锁酒店当初获得了境外资金投资，且占比较高，一方面资方本身就要求到境外上市，即使到国内上市，也会面临更多的特殊审核要求。亚朵酒店最初寻求国内创业板上市，后来经过三次冲击美国纳斯达克才成功上市。

酒店业的盈利能力不能笼统分析，而应该分类分析。全国星级饭店统计公告所公布的数据反映的是单体酒店的盈利水平，锦江酒店、华住集团、君亭酒店年报数据反映的是轻资产连锁酒店的盈利水平，金茂酒店的财报则反映的是重资产模式的盈利水平，首旅酒店的年报数据反映的则是轻重兼营的混合型公司盈利水平（表6、表7）。当然，这些上市公司都是酒店业的头部企业，反映的是第一梯队的盈利能力。特别是金茂酒店和首旅酒店的自有酒店物业都是高端酒店，地理位置也很好，正常年份其盈利能力很强。

表6　上市酒店集团盈利能力

利率 年份 酒店	销售毛利率（%）			销售净利率（%）			净资产收益率（%）		
	2019	2020	2021	2019	2020	2021	2019	2020	2021
锦江酒店	89.89	25.74	34.23	8.47	2.42	2.64	8.35	0.85	0.65
华住集团	35.87	4.58	11.76	15.71	−21.62	−3.75	26.10	−23.43	−4.18
金茂酒店	57.30	—		9.96	—	—	4.5	—	—
首旅酒店	93.68	12.62	26.15	11.06	−10.06	0.16	10.36	−5.72	0.67
君亭酒店	34.86	25.14	33.27	19.23	12.96	12.29	30.58	12.60	11.32
亚朵生活	29.97	26.58	26.30	3.88	2.41	6.50	—	3.60	95.10

资料来源：根据上市公司年报整理。

表 7　首旅酒店运营和酒店管理毛利率

百分比 %　　项目　年份	酒店运营		酒店管理	
	占比	毛利率	占比	毛利率
2019	75.55	92.04	19.04	100
2020	73.22	亏损	21.99	75.23
2021	70.84	6.56	23.94	76.84

亚朵生活提供的财务数据显示，虽然疫情发生后公司抗压能力较强，但正常年份其盈利能力显著低于几家已上市公司。以这样的毛利率，很难保证盈利。亚朵毛利率之所以不高，一个重要原因可能是其产品定位问题。经济型酒店秉承的是极简主义，中端酒店一般秉承的是精选理念。中端酒店若想追求主题酒店的特色，如不能通过高水平的研发设计和运营管理控制好成本和提升效率，必然要承受相应的成本上升，盈利能力下降。亚朵的产品相对而言显然有些繁杂了，耗费了不小空间和成本，运营管理起来也会复杂一些。亚朵已经算是比较优秀的连锁酒店了，其他公司要想上市难度可见一斑。

酒店集团同时还面临着"利润之上"的追求。就是说，酒店集团不能不赚钱，但也不能只满足于赚钱。酒店集团在日常经营之外，还需要处理好环保低碳、社会责任、公司治理等一些列问题。这就要求酒店集团的发展理念和战略目标应超越经济利益。因此，对酒店集团的运营管理和资产管理提出了更高要求，资本运营的重要性就更加凸显。

（三）负债率过高制约企业发展

近年来，民营住宿企业负债率持续上升，而国有住宿企业负债率则持续下降。2011 年，民营住宿企业负债为 75.46%，此后逐步上行，2017 年突破 80%，2019 年达到 86.78%，2020 年因疫情原因又提升到 88.48%，债务负担持续膨胀。国有住宿企业负债率 2011 年为 55.52%，比较健康，始终控制得比较好，2018 年至 2020 年始终维持在 50.5% 的水平，疫情对其未产生负面影响，这也为国有住宿企业投资和

并购留下了较为充足的弹药和空间（图12）。美豪酒店集团 2016 年负债率已高达
91.77%，三年疫情更让公司不堪重负。为缓解资金链压力，美豪于 2022 年 8 月向
同程旅行共转让 49% 的股权。

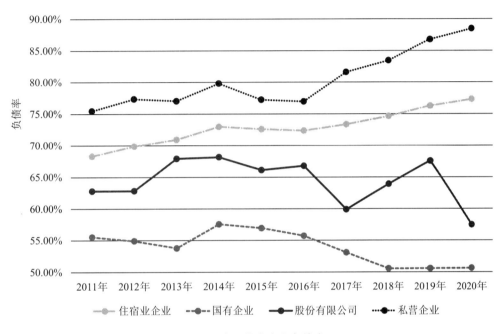

图 12　中国住宿企业负债率

从 2021 年上市公司负债率看，华天酒店、锦江酒店、首旅酒店、金陵饭店几
家国有酒店集团负债率分别为 68.88%、64.08%、58.08%、38.03%；华住集团、亚
朵生活、君亭酒店、格林酒店几家民营酒店集团负债率分别为 82.54%、74.85%、
66.76%、54.88%。亚朵生活 2022 年中报显示其负债率上升到 85.80%。复星旅文可
能有旅游地产业务原因，负债率更是高达 91.98%。总体而言，民营酒店集团负债率
要高于国有酒店集团。对于未上市的民营酒店集团来说，高企的负债率，再加上其
融资成本也高于国有企业，必然要压缩酒店集团的利润。若能够成功上市，不管是
IPO 获得的融资，还是增发获得的融资，其资金成本都明显较低。上市后还能提升
公司的信用评级，获得较低利率的银行信贷，也可以发行低利率的债券。因此，低
成本融资，降低负债率，优化财务结构，改良财务报表，是连锁酒店想上市的重要
动因。

三、推进酒店集团在资本市场实现新突破

住宿业承载了人民对美好生活的向往和期待，住宿业要成为名副其实的现代服务业，就必须走高质量发展道路。酒店集团作为住宿业的主力军，要充分利用资本市场实现自身飞跃。酒店集团具有很好的规模效应，我国拥有巨大的市场需求，国际市场也为我们提供了广阔的发展空间，三年疫情让头部企业优势更为明显，加剧了市场集中度的提升，有利于大型酒店集团的发展，资本市场就是助力腾飞的催化剂。

我们需要住宿企业在资本市场实现新突破。到资本市场 IPO 或发行酒店 REITs，成为公众公司，既可实现资源的优化配置，规范公司治理，提升品牌形象，也可在更大范围内实现风险共担，利益共享。我们需要更多住宿企业能在资本市场崭露头角，通过资本的力量推动企业更规范、更具创新能力，赢取更大的发展空间。我们有必要研究并解决住宿企业上市瓶颈，支持住宿企业在资本市场持续发力。

（一）要科学设计上市路径

要最大限度地发挥好已上市平台的价值，同时推动住宿类企业资产证券化，加快住宿企业的 IPO，继续努力推进酒店 REITs 的落地，用资本市场的力量助推行业高质量发展。酒店集团进入资本市场的路径不止一条，可以根据情况分类推进。对于以委托管理、特许加盟模式为主的轻资产模式公司，可以需求到 A 股、港交所或美国以常见 IPO 模式上市，到北交所上市也不失为一个很好的选择。对于拥有酒店物业的重资产模式的公司，可以寻求以 REITs 模式上市，如到中国香港、新加坡或美国，未来若国内政策落地就直接在国内上市。对于成立时间短、商业模式创新的公司，如短租平台、度假租赁管理公司、酒店供应链平台、智能酒店等，则可以寻求以 SPAC（海外借壳上市的一种方式）模式上市。

（二）强化酒店集团合规管理建设

企业运营管理规范化、公司治理合规是上市的前提条件。因此，酒店集团要

确保税务上规范，该交的税不要避税，该给员工上的五险一金要足额缴纳。要规避商业贿赂、代持股份等违规或不规范的商业行为。酒店集团都建立了规模庞大的会员体系，要进行好大数据的管理，确保会员数据、顾客预订和消费偏好等消费行为数据不外泄。不要犯地图标注不合规等导致的错误。对于拟上市的酒店集团，要通过 IPO 辅导，做到在财务、税收、法律等各方面规范管理，公司治理合规。

（三）持续提升企业的盈利能力

所有的上市路径，其前提是要具备强劲的盈利能力，或者创新能力强，盈利潜能大。要通过实施数字化转型，提升运营效率，降低运营成本，提高盈利能力。在疫情导致市场重心全面转向国内市场后，住宿企业既要坚持国际水准，保持该有的服务水准和服务品质，也要做好中国服务，做出特色来。疫情期间，住宿企业迎来三个时间窗口，一是利用疫情这段特殊时期，改变消费者对中国本土品牌的认知；二是通过供给侧改革实现从模仿创新为主转向自主创新主导；三是这段时间也是获取优质资源的时间窗口。特殊时期，住宿企业发展的重心也在回归，特别是作为地产附属物的酒店，从主要依赖地产赚钱回归到靠酒店运营管理和资产管理来盈利，发展的模式从重资产为主转向轻资产为主的模式，管理方式也向更加精益化管理转变。

（四）要与时俱进，创新求变

面对当前内循环主导下的发展格局，住宿企业要调整发展战略和发展方向。首先是向内求变：一方面，通过开源节流，降本增效，练好内功，提升生存能力，确保活下来，顺利渡过危机；另一方面，更新发展理念，创新业态，探索新模式，建立新机制，研发新产品，创新求变，提升竞争力，活的更有质量。其次是向外求同。危机之下，围绕内循环的行业竞争应避免陷于内卷。住宿企业在练好内功和内部求变的同时，也在外部求同，积极寻求外部可持续发展机会，拓展增长空间，实现负责任的发展，力争活得更久。向外求同，包括建立同盟，求同存异，协同赋能，寻求文化认同，形成利益共同体，乃至命运共同体，共同抵御风险。集团所开展的创新，多数最终会内化为集团未来增长的动能，成为穿越周期的最佳利器。最后，酒店集团要超越对经济利益的追求，关注"利润之上"追求，重视环境、社会和公司治理（ESG）战略，致力于成为环境友好型、社会友好型和规范化治理的公司。